Jürgen Hesse
Hans Christian Schrader

Gedächtnistraining

Merkfähigkeit testen und verbessern
Eignungs- und Einstellungstests sicher bestehen

eichborn.exakt

Die Autoren

Jürgen Hesse, Jg. 1951, Diplom-Psychologe im Büro für Berufsstrategie, Geschäftsführer der Telefonseelsorge Berlin e.V.

Hans Christian Schrader, Jg. 1952, Diplom-Psychologe im Krankenhaus Am Urban (Abt. Psychotherapie/Psychosomatik) in Berlin.

Div. gemeinsame Veröffentlichungen, u.a.: Die überzeugende Initiativbewerbung, Neue Bewerbungsstrategien für Führungskräfte; Neue Bewerbungsstrategien für Hochschulabsolventen; Assessment Center; Krieg im Büro; Die Neurosen der Chefs; Optimale Bewerbungsunterlagen; Das erfolgreiche Vorstellungsgespräch; VERDIENEN SIE SOVIEL, WIE SIE VERDIENEN? Testtraining 2000; Das Hesse/Schrader Bewerbungshandbuch (alle im Eichborn Verlag).

In der Reihe **eichborn.exakt** u.a. erschienen: Testtraining Allgemeinwissen; Testtraining Persönlichkeit; Die perfekte schriftliche Bewerbung; Das ABC der erfolgreichen Bewerbung; Das perfekte Vorstellungsgespräch.

Anschrift der Autoren
Hesse/Schrader
Büro für Berufsstrategie
Oranienburger Str. 4–5
10178 Berlin
Tel.: 030 / 851 92 06
Fax: 030 / 851 92 61
www.berufsstrategie.de

Die Deutsche Bibliothek – CIP-Einheitsaufnahme

Hesse, Jürgen:
Gedächtnistraining: Merkfähigkeit testen und verbessern; Eignungs- und Einstellungstests sicher bestehen / Jürgen Hesse; Hans-Christian Schrader. –
Frankfurt : Eichborn, 2000
ISBN 3-8218-1554-X

Eichborn AG, Frankfurt am Main, Dezember 2000
Reihenkonzeption: Christina Hucke (Umschlag), Petra Wagner (Layout)
Lektorat und Satz: Meidenbauer • Martin Verlagsbüro, München
Druck und Bindung: Clausen & Bosse, Leck
ISBN 3-8218-1554-X

Verlagsverzeichnis schickt gern:
Eichborn Verlag, Kaiserstraße 66, D-60329 Frankfurt am Main
www. eichborn.de

INHALT

Einleitung

Drei Dinge kann ich mir nicht merken: Namen, Zahlen und das Dritte habe ich vergessen. Dieser Ausspruch wird Karl Valentin zugeschrieben und verdeutlicht sehr plastisch ein Problem, das viele von uns kennen. Neben Namen und Zahlen betrifft dies auch noch Farben und Formen, Begriffe sowie Situations- und Handlungsabläufe.

In diesem Buch geht es uns vor allem darum, Sie mit den gängigen Merkfähigkeits-Testaufgaben vertraut zu machen. Denn: Wer sich in einem Auswahlverfahren einem sogenannten Intelligenz-Testverfahren zu unterziehen hat, wird sehr wahrscheinlich mit Aufgabentypen konfrontiert werden, die seine Gedächtnisleistung abprüfen. Damit Sie wissen, womit Sie rechnen müssen und wie Sie in Tests besser abschneiden, haben wir in diesem Taschenbuch die wichtigsten Testkapitel zusammengestellt. Hier finden Sie auf den nächsten 146 Seiten ausreichend realistisches Testübungsmaterial, um Ihnen eine gezielte Vorbereitung zu ermöglichen.

Aber auch wenn Ihnen im Augenblick nicht die Teilnahme an einem Test- und Auswahlverfahren bevorsteht, können Sie die Steigerung Ihrer individuellen Merkfähigkeit anhand dieses Buches bestens erproben.

MERKFÄHIGKEIT UND GEDÄCHTNISTRAINING

Ein erster Testversuch

Was wäre der Mensch ohne sein Gedächtnis – das sagten sich wohl auch die Testpsychologen und entwickelten Aufgaben zur Überprüfung des Kurzzeitgedächtnisses. Es gehört zwar zu den glücklichen Eigenschaften eines Menschen, vergessen (und vergeben) zu können, hier aber kommt es genau auf das Gegenteil an:

In den Übungen ist es wichtig, quasi auf Knopfdruck sinnlose Zahlenreihen, absurde Begriffssammlungen und abstruse Geschichten über teilweise abnorme Persönlichkeiten zu memorieren. Ein Einstiegstest mit insgesamt sieben Aufgaben dient Ihnen hier zur ersten Orientierung, was bei Ihnen wie gut funktioniert: Namen, Zahlen und was war das Dritte gleich noch? Wir werden sehen, wie Sie mit den folgenden Gedächtnisleistungs-Herausforderungen zurechtkommen.

Zur Einschätzung Ihrer Gedächtnisleistung möchten wir Ihnen folgende Bewertungsregel an die Hand geben. 50 Prozent richtige Antworten zeigen im Durchschnitt schon eine recht ordentliche Leistungsfähigkeit. Da aber die Aufgaben unterschiedlich schwer sind und Sie vielleicht selbst merken werden, daß Ihnen Zahlen-Aufgaben besser liegen als Graphik-Aufgaben (oder umgekehrt), sollten Sie versuchen, gerade bei für Sie schwierigen Aufgabentypen 50 Prozent zu erreichen, und bei für Sie eher leichteren 70 bis 80 Prozent anstreben.

Gut einprägen

Prägen Sie sich bitte die nachfolgenden beiden Lebensgeschichten sowie die Fotos der handelnden Personen gut ein. Dafür stehen Ihnen nach einem ersten Durchlesen 5 Minuten Zeit zur Verfügung. Beide Geschichten werden später noch eine wichtige Rolle spielen.

Lebensgeschichte A

Emil Koll
geboren am 11.3.1929 in Sääs
Wohnort: Labonn
Telefon: 3216400

Emil Koll war der Älteste von fünf Geschwistern und mußte schon früh seinen Eltern in der Gaststätte helfen. In seiner Freizeit bewies er ein beachtliches Zeichentalent. Mit 19 Jahren heiratete er Frau Wepp, eine junge, aufstrebende, aber leichtsinnige Vertreterin für Spirituosen. Schon nach zweieinhalb Jahren mußte er einsehen, daß seine Ehe verfehlt war. Nach der Scheidung ging er zunächst zu seinen Eltern zurück und bildete sich durch den täglichen Besuch von Kursen in der Nachbarstadt Bulo zum Modezeichner fort. Bald hatte er viel Erfolg mit dieser Tätigkeit. Als er seine zweite Frau, Vera Puschmann, eine Kinderärztin, kennenlernte, gab er seine Tätigkeit auf.

Lebensgeschichte B

Adele Notzell
geboren am 8.12.1926 in Cann
Wohnort: Rantrum
Telefon: 723 4500

Adele Notzell wollte wie ihr Vater den Lehrerberuf ergreifen. Von Jugend an interessierte sie sich für Technik. Nach einem vierjährigen Studium wurde sie aber Ingenieurin. Zunächst beschäftigte sie sich mit der Entwicklung moderner Kühlmaschinen. Mit ihrer Kollegin, Fräulein Luna, erfand sie eine verbesserte Eiszubereitungsmaschine. Sie entwarf außerdem einen modernen und preisgünstigen Seifenspender, der sehr sparsam im Verbrauch war. Später wechselte sie ihre Arbeitsstelle und arbeitete in einem Großbetrieb für Motorräder in Dagblitz. Sie wurde Chefkonstrukteurin und entwickelte mit ihrem Mitarbeiterstab Pläne für einen neuartigen Lärmschutz für Auspuffanlagen. Auf einer längeren Geschäftsreise lernte sie in Venedig ihren Mann kennen. Heute sind sie glücklich verheiratet und haben zwei Mädchen und zwei Jungen.

Emil Koll

Vater von Emil Koll

Frau Wepp

Mutter von
Adele Notzell

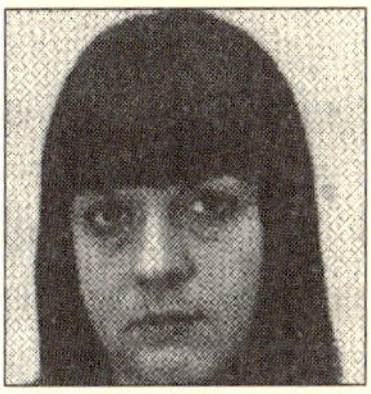

Frl. Luna

2. Mann von
Adele Notzell

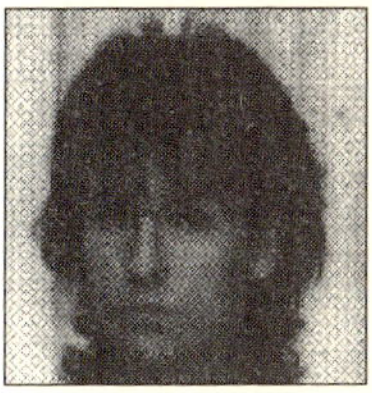

Tochter Notzell

Eduard Zimmermann

Allerlei Begriffe merken

Lernen Sie jetzt 15 zusammenhanglose Worte, Buchstaben und Zahlen auswendig. Sie haben dafür 1 Minute Zeit.

Fußballplatz

ABAC

brennen

Autobahn

Transistorradio

Alpenvollmilchschokoladenpudding

ausruhen

XXQL-589

100 345 631

Vogelfutter

U K W

Maschendrahtzaun

lechzen

leuchten

1123

Ihre Aufgabe

Schreiben Sie die 15 Worte, Buchstaben und Zahlen-Kombinationen aus dem Gedächtnis auf. Die Reihenfolge spielt dabei keine Rolle. Sie haben hierfür 1 Minute Zeit. Decken Sie dabei die gegenüber liegende Seite ab.

Überprüfen Sie selbst die richtige Lösung. Für jede richtige Gedächtnisleistung erhalten Sie 1 Punkt.
8 richtige Antworten entsprechen einer durchschnittlichen Leistung, ab 10 haben Sie ein relativ gutes Ergebnis erzielt. Insgesamt können hier 15 Punkte erreicht werden.

Auswendiglernen

Folgende Worte sollen Sie sich in 3 Minuten gut einprägen und auswendig lernen:

Berufe: Eismann - Imker - Nachtwächter - Pfarrer - Uhrmacher

Städte: Aachen - Cuxhaven - Oldenburg - Quellbach - York

Bauwerke: Funkturm - Jagdhaus - Liederhalle - Scheune - Viadukt

Lebensmittel: Butter - Kartoffeln - Reis - Teigwaren - Wurst

Sport: Hockey - Golf - Marathonlauf - Degenfechten - Zehnkampf

Ihre Aufgabe

Beispiel:

In welche Gruppe gehört das Wort mit dem Anfangsbuchstaben V?
a) in die Berufsgruppe
b) in die Städtegruppe
c) in die Bauwerkegruppe
d) in die Lebensmittelgruppe
e) in die Sportgruppe

Lösung: c (Viadukt - Bauwerke)

Für die nun folgenden Fragen haben Sie 5 Minuten Bearbeitungszeit.

1. In welche Gruppe gehört das Wort mit dem Anfangsbuchstaben A?
a) in die Berufsgruppe
b) in die Städtegruppe
c) in die Bauwerkegruppe
d) in die Lebensmittelgruppe
e) in die Sportgruppe

2. In welche Gruppe gehört das Wort mit dem Anfangsbuchstaben B?
a) in die Berufsgruppe
b) in die Städtegruppe
c) in die Bauwerkegruppe
d) in die Lebensmittelgruppe
e) in die Sportgruppe

3. In welche Gruppe gehört das Wort mit dem Anfangsbuchstaben C?
a) in die Berufsgruppe
b) in die Städtegruppe
c) in die Bauwerkegruppe
d) in die Lebensmittelgruppe
e) in die Sportgruppe

4. In welche Gruppe gehört das Wort mit dem Anfangsbuchstaben D?
a) in die Berufsgruppe
b) in die Städtegruppe
c) in die Bauwerkegruppe
d) in die Lebensmittelgruppe
e) in die Sportgruppe

5. In welche Gruppe gehört das Wort mit dem Anfangsbuchstaben E?
a) in die Berufsgruppe
b) in die Städtegruppe
c) in die Bauwerkegruppe
d) in die Lebensmittelgruppe
e) in die Sportgruppe

usw. geht es das ganze Alphabet (ohne X):

6.	F in	a, b, c, d, e
7.	G in	a, b, c, d, e
8.	H in	a, b, c, d, e
9.	I in	a, b, c, d, e
10.	J in	a, b, c, d, e
11.	K in	a, b, c, d, e
12.	L in	a, b, c, d, e
13.	M in	a, b, c, d, e
14.	N in	a, b, c, d, e
15.	O in	a, b, c, d, e
16.	P in	a, b, c, d, e
17.	Q in	a, b, c, d, e
18.	R in	a, b, c, d, e
19.	S in	a, b, c, d, e
20.	T in	a, b, c, d, e
21.	U in	a, b, c, d, e
22.	V in	a, b, c, d, e
23.	W in	a, b, c, d, e
24.	Y in	a, b, c, d, e
25.	Z in	a, b, c, d, e

(Lösungen siehe S. 16)

Zurück zur ersten Aufgabe

Erinnern

Erinnern Sie sich noch an die 1. Übung? Ihre Aufgabe war es, sich die dargestellten Lebensschicksale von Emil Koll und Adele Notzell gut einzuprägen. Nun sollen Sie feststellen, welche Details in der folgenden nacherzählten Lebensgeschichte unserer beiden Helden falsch wiedergegeben oder neu hinzugefügt worden sind (natürlich ohne zurückzublättern!).

Beispiel:

Welches Detail ist falsch?

Seit seiner Jugend interessierte sich Emil Koll für die Gaststätte seiner Eltern.

a b c d

Lösung: Detail b ist falsch, denn Emil Koll interessierte sich nicht für die Gaststätte, sondern mußte dort helfen.

Lösungen von S. 14–16:
1b; 2d; 3b; 4e; 5a; 6c; 7e; 8e; 9a; 10c; 11d, 12c; 13e; 14a; 15b; 16a; 17b; 18d; 19c; 20d; 21a; 22c; 23d; 24b; 25e.
Ab 15 richtigen Antworten haben Sie ein relativ gutes Ergebnis erzielt. Insgesamt können hier 25 Punkte erreicht werden.

Ihre Aufgabe

Bitte notieren Sie, welche Details in dem folgenden Text falsch sind. Sie sollten hierzu nicht länger als 10 Minuten benötigen.

Emil Koll mußte nach drei Jahren erkennen, daß seine Ehe gescheitert war, und ging deshalb

a b c

nach der Scheidung zurück zu seinen fünf Geschwistern.

d e

Er bildete sich zum Modezeichner fort und hatte in dieser Tätigkeit viel Erfolg,

f g

als er seine Frau, eine Tierärztin, kennenlernte.

h

Vera Notzell entwickelte mit ihrer Kollegin, Frau Luna, einen neuen verbesserten Seifenspender

i j k

und lernte in Venedig ihre zwei Kinder kennen ...

l m

(Lösungen siehe S. 21)

Weitere Fragen

1. Wie viele Kinder hatten die Eltern von Emil Koll?
2. Welchen Beruf hat die zweite Frau von Emil Koll?
3. Welchen Beruf erlernte Emil Koll?
4. In welchem Alter heiratete Emil Koll zum ersten Mal?
5. Wie heißt Emil Kolls Frau aus erster Ehe?
6. Was besaßen die Eltern von Emil Koll?
7. In welchem Beruf arbeitete der Vater von Adele Notzell?
8. Wie lange studierte Adele Notzell Ingenieurwissenschaft?
9. Wie viele Kinder hat sie zusammen mit ihrem Ehemann?

Welche der folgenden Einzelheiten kommt in einer der beiden Geschichten vor?

10. a) Sass b) Saß c) Säs d) Sääs
11. a) Labonn b) Bonn c) Laboe d) Labohn
12. a) Nizza b) Cann c) Kahn d) Kannes
13. a) Rantrum b) Rantram c) Rant d) Radebold
14. a) 321 6401 b) 321 6400 c) 322 0064 d) 328 1289
15. a) 723 4500 b) 714 3500 c) 676 7676 d) 777 2700
16. a) 8.12.21 b) 12.8.26 c) 8.12.26 d) 9.12.33
17. a) 3.11.29 b) 29.3.11 c) 11.3.21 d) 11.3.29

(Lösungen siehe S. 21)

Erinnern Sie sich noch an die Fotos und den dazu gehörenden richtigen Namen? Ordnen Sie bitte die richtige Foto-Nummer der folgenden Namensliste zu!

1. Emil Koll
2. Bruder von Emil Koll
3. Frau Wepp
4. Vera Puschmann
5. Adele Notzell
6. Vater von Adele Notzell
7. Kollegin Luna
8. Herr Notzell
9. Tochter Notzell
10. Eduard Zimmermann

(Lösungen siehe S. 21)

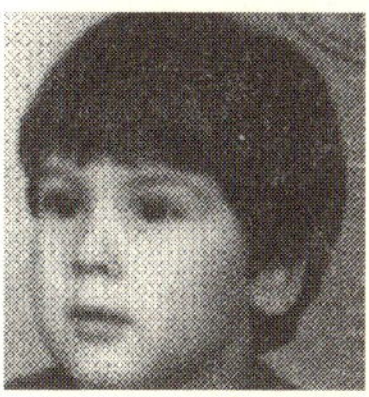
Nr. 1

Nr. 2

Nr. 3

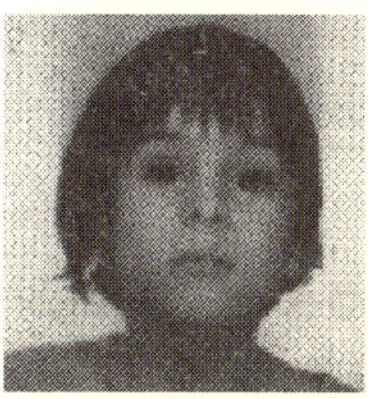
Nr. 4

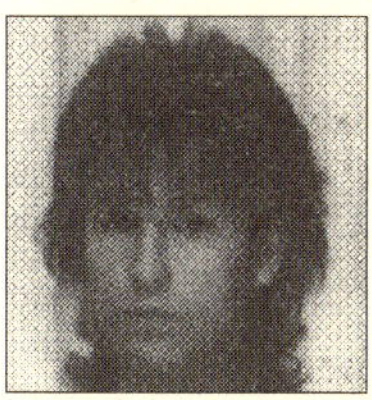
Nr. 5

Nr. 6

Nr. 7

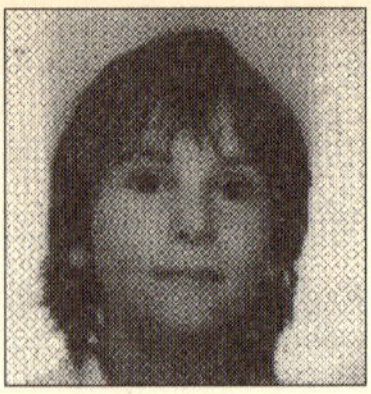

Nr. 8

Nr. 9

Nr. 10

Nr. 11

Nr. 12

Nr. 13

Nr. 14

Nr. 15

Nr. 16

Nr. 17

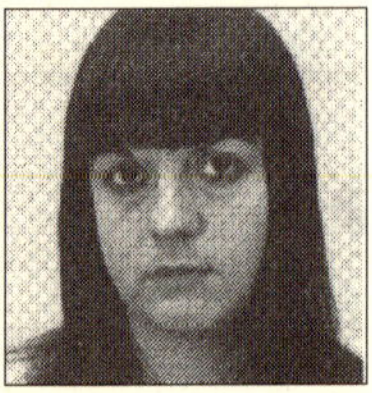

Nr. 18

Lösungen von S. 17–20:
Falsch: b; e; i; j; m (als falsch erkannt: jeweils 1 Punkt = max. 7 Punkte)

Antworten: 1:5; 2: Kinderärztin; 3: Modezeichner; 4: 19 Jahre; 5: Wepp; 6: Gaststätte; 7: Lehrer; 8: 4 Jahre; 9: vier; 10: d; 11: a; 12: b; 13: a; 14: b; 15: a; 16: c; 17: d. (1 Punkt für jede richtige Lösung= max. 17 Punkte)

Fotos: 1=11; 2 = unbekannt; 3=17; 4=unbekannt; 5=unbekannt; 6=unbekannt; 7=18; 8=13; 9=5; 10=15. (1 Punkt für jede richtige Lösung = max. 10 Punkte)

Ab 15 richtigen Antworten haben Sie ein relativ gutes Ergebnis erzielt. Insgesamt können hier 34 Punkte erreicht werden.

Wiedererkennen

Sie sehen jetzt einen Namen in unterschiedlichen Schriftarten geschrieben. Prägen Sie sich diesen in allen Details gut ein.

Dafür stehen Ihnen 2 Minuten Zeit zur Verfügung.

a) **Hesse / Schrader**

b) **Hesse/Schrader**

c) Hesse/Schrader

Ihre Aufgabe

Sie sehen jetzt den Schriftzug Hesse/Schrader in 26 verschiedenen Varianten. Drei davon haben Sie sich eben einprägen können.
In welcher Zeile wird der Name korrekt wiedergegeben? Es kommt dabei nicht auf die Schriftgröße an. Für diese Aufgabe haben Sie 2 Minuten Zeit zur Verfügung. Decken Sie dabei die gegenüber liegende Seite ab.

1

Hesse/Schrader

2

Hesse/Schrader

3

Hesse/Schrader

4

Hesse/Schrader

5

Hesse/Schrader

6

Hesse/Schrader

7

Hesse/Schrader

8

Hesse/Schrader

9

Hesse/Schrader

10

Hesse/Schrader

11

Hesse/Schrader

12

Hesse/Schrader

13

Hesse / Schrader

14

Hesse/Schrader

15

Hesse/Schrader

16

Hesse/Schrader

17

Hesse/Schrader

18

Hesse/Schrader

19

Hesse/Schrader

20

Hesse/Schrader

21

Hesse/Schrader

22

Hesse/Schrader

23

Hesse/Schrader

24

Hesse/Schrader

25

Hesse/Schrader

26

Hesse/Schrader

Lösungen:
2a; 4c; 5b; 8a; 12b; 13a; 14c; 15c; 16b; 21c; 23b; 25c; 26b.
Ab 7 richtigen Antworten haben Sie ein relativ gutes Ergebnis erzielt. Insgesamt können hier 13 Punkte erreicht werden.

Nochmals gut einprägen

Hier sehen Sie acht kleine Bilder.
Prägen Sie sich diese gut ein. Sie haben dafür 1 Minute Zeit.
Decken Sie anschließend diese Seite zu.

Ihre Aufgabe

Nachfolgend wieder dieselben acht Bilder, jedoch in einer anderen Anordnung. Numerieren Sie die Bilder in der eben memorierten Reihenfolge.

Blättern Sie zurück und überprüfen Sie selbst die richtige Lösung. Für jede richtige Position erhalten Sie 1 Punkt. Ab 5 Punkten haben Sie ein relativ gutes Ergebnis erzielt.

Lokalisieren

Prägen Sie sich diesen Plan mit den unterschiedlichen Wohnhausblöcken gut ein. Sie haben dafür 2 Minuten Zeit. Decken Sie anschließend diese Seite zu.

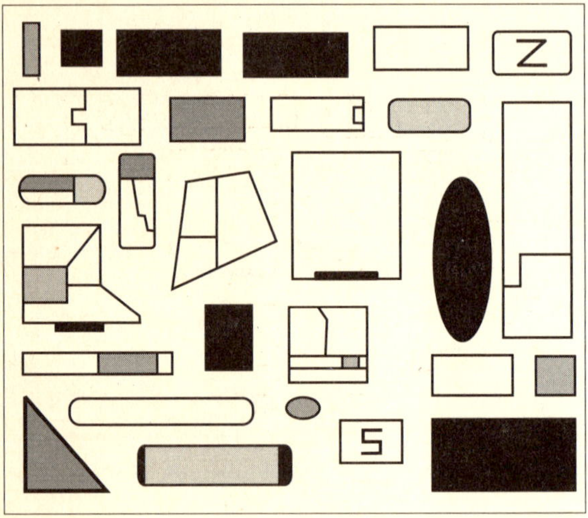

Ihre Aufgabe

Tragen Sie an den entsprechenden Stellen im Plan die jetzt fehlenden schwarzen Gebäudeflächen in der (halbwegs) richtigen Form und Größe ein. Sie haben dafür 1 Minute Zeit.

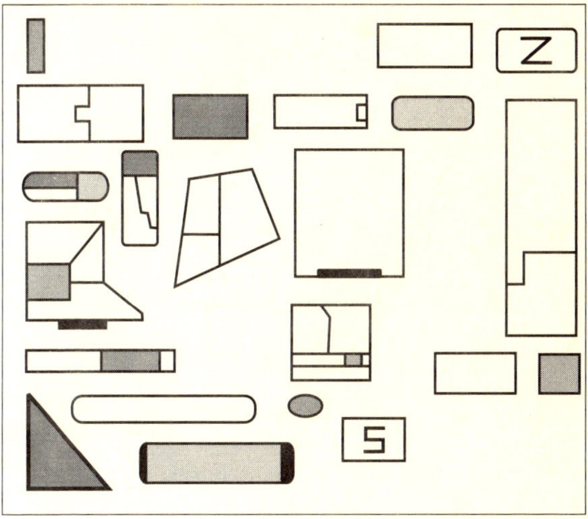

Blättern Sie zurück und überprüfen Sie selbst die richtige Lösung. Für jede richtige Position und jedes auch (annähernd) richtige Format erhalten Sie 1 Punkt. Ab 4 Punkten haben Sie ein relativ gutes Ergebnis erzielt.

Zu guter Letzt

An was erinnern Sie sich noch?

Sie haben die verschiedenen Aufgaben nun nacheinander bearbeitet. Versuchen Sie sich jetzt nochmals an die einzelnen Übungen zu erinnern. Können Sie die folgenden Fragen beantworten?

1. Wie lautete der Vorname von Herrn Koll?

2. Welchen Beruf hatte Adele Notzell?

3. Wer wohnt in Labonn?

4. Wie viele Verben aus der 2. Aufgabe fallen Ihnen jetzt noch ein?

5. Nennen Sie die fünf großen Bereiche, aus denen Sie sich bei Aufgabe 3 die Worte eingeprägt haben und dann alphabetisch wiedergeben mußten.

6. Wie viele Gebäudeflächen waren bei der vorletzten Aufgabe einzutragen?

(Lösungen siehe S. 31)

Auswertung

Insgesamt waren max. 109,5 Punkte zu erzielen,

unter 30 Punkte: Versuchen Sie, sich besser zu konzentrieren, dann werden Sie Ihre Merkfähigkeit erhöhen können,
49 Punkte und weniger: üben,
ab 50 Punkten können Sie mit Ihrem Ergebnis zufrieden sein,
ab 60 Punkten: sehr ordentlich,
ab 70 Punkten: sehr gut,
ab 85 Punkten: beinahe genial.

Wenn Sie nun weiterblättern, dann können Sie üben, üben, üben ....

Wir bieten Ihnen:
Komplexe Text- und Infoaufgaben,
Zahlen und Buchstaben, die Sie sich einprägen sollen,
Einzelworte, Namen und Adressenmaterial
sowie grafisches Aufgabenmaterial, um Ihr Gedächtnis zu trainieren.

Lösungen von S. 30:
1: Emil; 2: Ingenieurin; 3: Emil Koll; (jeweils 1 Punkt)
4: brennen, ausruhen, lechzen, leuchten; (jeweils 0,5 Punkte)
5: Berufe, Städte, Bauwerke, Lebensmittel, Sport; (jeweils 0,5 Punkte)
6: 6; (1 Punkt)
Ab 4 richtigen Antworten haben Sie ein relativ gutes Ergebnis erzielt. Insgesamt können hier 8,5 Punkte erreicht werden.

MERKFÄHIGKEITS- UND GEDÄCHTNISTEST-ÜBUNGEN

Auf den nächsten Seiten stellen wir Ihnen ausreichend Übungsmaterial zur Verfügung. Dabei lehnen wir uns an typische Merkfähigkeits-Testaufgaben an, wie sie bei der testgesteuerten Personalauswahl- und Ausbildungsplatzvergabe eingesetzt werden.

Die Lösungen finden Sie im Anhang nach jeder Aufgabe. Bei bestimmten Aufgabentypen können Sie auch direkt zurückblättern, um Ihre Lösung mit dem Original zu vergleichen. Zur Einschätzung und Bewertung Ihrer Gedächtnisleistung verweisen wir auf Seite 124 und auf die entsprechende Bewertungsseite im Anschluß eines Übungsteils (z. B. bei den Text-Aufgaben S. 49).

Text-Aufgaben

Sie bekommen jetzt kurze Sachtexte zu lesen. Die in diesen Kurzgeschichten enthaltenen Informationen, Daten und Fakten werden gleich im Anschluß wieder abgefragt.

Für das Lesen und Einprägen jeder Kurzgeschichte haben Sie 1,5 Minuten Zeit. Blättern Sie dann um und beantworten Sie die anschließenden Fragen. Sie haben dafür 2 Minuten Zeit.

Gehen Sie danach zur Kurzgeschichte zurück und überprüfen Sie Ihre Antwort selbst. Für jede richtige Antwort erhalten Sie 2 Punkte.

Warten Sie 1 bis 2 Minuten, bevor Sie sich der nächsten Aufgabe zuwenden.

Eine Auswertung Ihres Ergebnisses für diesen speziellen Testteil finden Sie auf Seite 49.

Geburtstag

Zu einer Geburtstagsfeier im Restaurant »Zur goldenen Mühle« treffen sich 12 Personen, um dem Jubilar zum 49. Geburtstag zu gratulieren. Am selben Tag feiert noch einer der Gäste seinen Namenstag. Als alle versammelt sind, beginnt die kleine 3-Mann-Kapelle mit dem Lied »Sonnenschein«, obwohl es bereits nach 22 Uhr ist und draußen dunkel und regnerisch. Die Raumtemperatur ist dagegen angenehm warm, etwa um die 23 Grad. Alle Gäste haben viel Spaß.

Geburtstag

Lesen Sie sich die Fragen durch und schreiben Sie die Antworten auf. Sie haben dafür 2 Minuten Zeit. Decken Sie dabei die gegenüber liegende Seite ab.

Um den wievielten Geburtstag handelt es sich?

Wie heißt der Ort der Geburtstagsfeier?

Wie heißt der Titel des Liedes, das gespielt wird?

Wie spät ist es, als das Lied gespielt wird?

Überprüfen Sie direkt im Anschluß das Ergebnis Ihrer Gedächtnisleistung. Pro richtiger Antwort erhalten Sie 2 Punkte.

Unfall

Auf der Autobahn nachts um 0.45 Uhr ereignet sich auf schneeglatter Fahrbahn ein folgenschwerer Unfall. 22 Fahrzeuge sind darin verwickelt. Die Ambulanz trifft bereits 12 Minuten später ein. Die Autobahn muß für 3 Stunden vollkommen gesperrt werden. 23 verletzte Personen müssen ins 22 km entfernte Krankenhaus gebracht werden. Bei den Aufräumungsarbeiten helfen mehr als 49 Personen. Zwei Unfallbeteiligte sterben innerhalb von 48 Stunden an ihren Verletzungsfolgen.

Unfall

Lesen Sie sich die Fragen durch und schreiben Sie die Antworten auf. Sie haben dafür 2 Minuten Zeit. Decken Sie dabei die gegenüber liegende Seite ab.

Wie viele Fahrzeuge sind in den Unfall verwickelt?

Wie viele Personen sind verletzt?

Wann trifft die Ambulanz ein?

Wie weit ist das Krankenhaus entfernt?

Überprüfen Sie direkt im Anschluß das Ergebnis Ihrer Gedächtnisleistung. Pro richtiger Antwort erhalten Sie 2 Punkte.

Unternehmen

Der Umsatz der vor vier Jahren gegründeten Internet-Firma hat sich erfreulich entwickelt. Heute verkauft das im Trend liegende Unternehmen 11mal so viele Artikel wie zur Gründungszeit. Der Umsatz konnte im letzten Jahr vervierfacht werden. Einen Gang an die Börse ziehen die drei Inhabern seit letzter Woche in Erwägung. Sie erhoffen sich dadurch eine Kapitalausstattung in zweistelliger Millionenhöhe. Vor dem Börsengang, der frühestens in sieben Monaten erfolgen kann, ist noch einiges zu tun.

Unternehmen

Lesen Sie sich die Fragen durch und schreiben Sie die Antworten auf. Sie haben dafür 2 Minuten Zeit. Decken Sie dabei die gegenüber liegende Seite ab.

Wie viele Inhaber hat das Unternehmen?

Um welche Branche handelt es sich dabei?

Wann könnte frühestens der Börsengang erfolgen?

Wann wurde das Unternehmen gegründet?

Überprüfen Sie direkt im Anschluß das Ergebnis Ihrer Gedächtnisleistung. Pro richtiger Antwort erhalten Sie 2 Punkte.

Ruhestand

Mit dem Erreichen der Altersgrenze entscheidet sich Hans Mario Stiller, Direktor einer Zuckerfabrik, tatsächlich in den Ruhestand zu gehen. Eigentlich wollte er noch bis zu seinem 72. Geburtstag weiterarbeiten. Sein Großvater mütterlicherseits und Gründer der Fabrik vor 56 Jahren war leider nicht vor seinem 71. Geburtstag zu bewegen, die Führung in die Hände einer jüngeren Kraft zu geben. Nach dem Ausscheiden aus der Direktion verstarb er im 72. Lebensjahr. Das wünschen sich die Angehörigen des jetzt ausscheidenden Direktors aber wirklich nicht. Sie gönnen ihm einen langen Ruhestand und viel Spaß für seine Reisepläne, eine Weltumsegelung.

Ruhestand

Lesen Sie sich die Fragen durch und schreiben Sie die Antworten auf. Sie haben dafür 2 Minuten Zeit. Decken Sie dabei die gegenüber liegende Seite ab.

Um was für eine Fabrik handelt es sich?

Wann wurde die Fabrik gegründet?

In welchem Alter übergab der Gründer die Führung in jüngere Hände?

Welche Pläne hatte der jetzt ausscheidende Direktor?

Überprüfen Sie direkt im Anschluß das Ergebnis Ihrer Gedächtnisleistung. Pro richtiger Antwort erhalten Sie 2 Punkte.

Tanzstunde

Der 16-jährige Olaf Zimbo wurde gegen seinen erklärten Willen im Frühjahr zur Tanzstunde angemeldet. Seine Eltern, Maria und Hans Zimbo, hatten sich vor 28 Jahren in ihrer ersten Tanzstunde kurz vor der Weihnachtszeit kennengelernt. Ein Jahr später verlobten sie sich unter dem Weihnachtsbaum und heirateten zwei Jahre danach im Frühling.

Damals bei ihrer ersten Tanzstunde waren sie beide nur ein Jahr älter als ihr Sohn jetzt. Ihr Sohn wurde erst sehr spät, nach zehn Ehejahren geboren. Noch heute haben sie Kontakt zu einigen der Teilnehmer aus ihrem Tanzkurs, und immer noch gehen sie gemeinsam auf größere Bälle. Am leidenschaftlichsten tanzen sie Tango. Ob dieses Hobby der Eltern auch auf den Sohn übergeht, bleibt fraglich.

Tanzstunde

Lesen Sie sich die Fragen durch und schreiben Sie die Antworten auf. Sie haben dafür 2 Minuten Zeit. Decken Sie dabei die gegenüber liegende Seite ab.

Welchen Tanz bevorzugt das Ehepaar Zimbo?

Wie heißt der Sohn?

Wann verlobten sich die Eltern?

Wie lange waren sie verlobt?

Überprüfen Sie direkt im Anschluß das Ergebnis Ihrer Gedächtnisleistung. Pro richtiger Antwort erhalten Sie 2 Punkte.

Krankenhaus

Am Montagmorgen gegen 10 Uhr konnte die Patientin aus Zimmer 34 endlich entlassen werden. Ihr Bett wurde auch schon dringend gebraucht, der neue Patient wartete schon seit 8 Uhr früh.

Nach der Blinddarm-OP vor zehn Tagen hat sich die heute entlassene Patientin nur sehr langsam erholt. Eigentlich gab es dafür keinen wirklich nachvollziehbaren Grund. Die Ärzte standen vor einem Rätsel, als sie 3 Tage nach der OP plötzlich hohes Fieber bekam. Mit einer besonderen Infusion gelang es den Ärzten, das Fieber nach fünf Tagen zu senken.

Der neue Patient wird an der Schilddrüse operiert. Keine leichte OP nach Einschätzung der Chirurgen. Zum OP-Team gehört deshalb auch ein Spezialist.

Krankenhaus

Lesen Sie sich die Fragen durch und schreiben Sie die Antworten auf. Sie haben hierfür 2 Minuten Zeit. Decken Sie dabei die gegenüber liegende Seite ab.

In welchem Zimmer lag die Patientin?

Welche Komplikationen traten nach der OP auf?

Wann trat die Komplikation auf?

Welche OP ist für den neuen Patienten angesetzt?

Überprüfen Sie direkt im Anschluß das Ergebnis Ihrer Gedächtnisleistung. Pro richtiger Antwort erhalten Sie 2 Punkte.

Zur nächsten Aufgabe

Bevor Sie sich der nächsten Aufgabe zuwenden, lassen Sie am besten 10 bis 15 Minuten Zeit verstreichen. Es geht jetzt um Infos, Daten und Fakten aus allen sechs Geschichten. Für jede richtige Antwort bekommen Sie 3 Punkte.

Fragen zu allen Geschichten

Lesen Sie sich die Fragen durch und schreiben Sie die Antworten auf. Sie haben hierfür 10 Minuten Zeit.

1. Was haben die Inhaber des Internet-Unternehmens in ca. 7 Monaten vor?
2. In welchem Alter starb der Gründer der Zuckerfabrik?
3. Wie lange mußte die Autobahn nach dem Unfall gesperrt werden?
4. Wie viele Gäste kamen zur Geburtstagsfeier in die goldene Mühle?
5. Wie viele Helfer waren bei dem Autobahnunfall engagiert?
6. Wie heißt der ausscheidende Zuckerfabrikdirektor?
7. Wie hat sich der Umsatz der Internet-Firma im letzten Jahr entwickelt?
8. Welche OP hat die aus dem Krankenhaus entlassene Patientin hinter sich?
9. Wie viele Tage nach der OP kann sie entlassen werden?
10. Um welche Uhrzeit ereignete sich der Autobahnunfall?
11. Was kann noch auf dem Geburtstag in der goldenen Mühle gefeiert werden?
12. Wie heißt das Ehepaar (beide Vor- u. Zunamen), das gerne tanzt?
13. Wie haben die Ärzte das Fieber der Patientin in den Griff bekommen?
14. An welchem Wochentag wird die Patientin entlassen?

Zur nächsten Aufgabe

Warten Sie mehrere Stunden, bevor Sie sich dieser neuen Aufgabe zuwenden.

Noch mehr Fragen zu allen Geschichten

Lesen Sie sich die Fragen durch und schreiben Sie die Antworten auf. Sie haben 5 Minuten Zeit.

15. Wie lauteten die Überschriften der 6 Kurzgeschichten?
16. In welcher Geschichte wurde ein Lied gespielt?
17. Nach wie vielen Ehejahren wurde Olaf geboren?
18. Wie war der Straßenzustand bei der Unfallgeschichte?
19. Wo haben sich Maria und Hans kennengelernt?
20. Um was für eine Musikformation handelte es sich in der ersten Geschichte?

Überprüfen Sie direkt im Anschluß das Ergebnis Ihrer Gedächtnisleistung.

Lösungen von S. 46/47

1. Börsengang/Kapitalerhöhung
2. mit 70
3. für 3 Stunden
4. 12 Gäste
5. mehr als 49 Helfer
6. Hans Mario Stiller
7. Umsatz der Internet-Firma vervierfacht
8. Blinddarm-OP-Patientin
9. 10 Tage nach OP
10. Unfall-Uhrzeit 0.45 Uhr
11. Namenstag
12. Maria und Hans Zimbo
13. mittels einer besonderen Infusion
14. an einem Montagmorgen
15. Geburtstag, Unfall, Unternehmen, Ruhestand, Tanzstunde, Krankenhaus; (für jeden Titel 0,5 Punkte)
16. Geburtstag
17. nach 10 Ehejahren
18. schneeglatt
19. in der Tanzstunde
20. um eine 3-Mann-Kapelle

Für jede richtige Antwort bekommen Sie 3 Punkte. Insgesamt konnten hier 60 Punkte erreicht werden.

Auswertung

Insgesamt sind bei dieser Aufgabensammlung 108 Punkte zu erzielen.

Weniger als 20 Punkte: Versuchen Sie, sich besser zu konzentrieren, dann werden Sie Ihre Merkfähigkeit erhöhen können.
Bis 50 Punkte: Hier hilft sicherlich noch etwas mehr Übung.
Ab etwa 51 Punkten liegen Sie sehr gut im Durchschnitt.
Ab etwa 65 Punkten zeigen Sie eine erstaunlich gute Leistung.
Ab 80 Punkten: Sie haben eine wirklich sehr gut entwickelte Merkfähigkeit.

Und weiter geht´s:

Jetzt dreht sich alles um Zahlen. Versuchen Sie, sich diese gut einzuprägen.
Zweistellige, vierstellige und sechsstellige Zahlen werden Ihnen im Kopf schwirren.

ZAHLEN-AUFGABEN

Sie sind am Verzweifeln, die wichtige Telefonnummer wird nur einmal angesagt und Ihr Zahlengedächtnis streikt. Mit dem nun folgenden Zahlen-Aufgabenblock helfen wir Ihnen beim Üben. Vielleicht sind Sie aber besser als Sie glauben ...
Finden Sie Ihre Stärken und Schwächen heraus.

Zahlen identifizieren (1)

Prägen Sie sich diese sieben zweistelligen Zahlen ein. Sie haben hierzu 1 Minute Zeit.

29 36 58 98 10 44 32

Zahlen identifizieren (1)

Markieren Sie die sieben Zahlen (sie kommen mehrfach vor), die Sie sich zuvor eingeprägt haben. Sie haben hierzu 3 Minuten Zeit. Decken Sie dabei die gegenüber liegende Seite ab.

58	24	79	33	43	17	28	82	34	12	23	43	65	13	56	14	52
65	78	56	21	76	10	34	21	54	52	37	23	11	98	60	56	68
11	12	15	90	80	81	93	25	61	29	46	37	24	33	71	36	29
93	34	77	63	43	10	48	99	22	48	54	45	23	86	45	54	23
88	12	23	43	21	67	87	97	55	68	32	22	43	11	48	99	44
99	32	45	36	56	11	22	34	45	35	99	12	97	55	68	12	29
72	23	36	12	32	56	45	99	43	33	19	93	34	31	26	67	63
97	34	22	58	87	33	47	22	11	27	98	39	33	38	49	82	99
43	11	48	99	20	81	93	25	61	20	46	37	24	99	71	44	30

Überprüfen Sie direkt im Anschluß das Ergebnis Ihrer Gedächtnisleistung.
Die Lösungen finden Sie auf S. 56.

Zahlen identifizieren (2)

Prägen Sie sich diese sieben vierstelligen Zahlen ein. Sie haben hierzu 2 Minuten Zeit.

3629 1358 0098 4456 2232 9898 1011

Zahlen identifizieren (2)

Markieren Sie die sieben Zahlen, die Sie sich zuvor eingeprägt haben. Sie haben hierzu 3 Minuten Zeit. Decken Sie dabei die gegenüber liegende Seite ab.

1358	2479	3344	1728	8234	1212	0123	4365	1356	1452
6578	5621	7612	1234	2154	5237	2311	0098	6056	9268
1198	1590	8012	1203	8193	2561	2946	3724	3371	3629
4343	1111	4899	0909	1203	8193	2561	2946	3724	0997
9334	7763	4343	1011	4899	0909	2248	5445	2386	4554
8812	2343	2167	8797	5568	3222	4343	1111	4899	0909
9901	2232	4536	5611	1122	3434	4456	4435	9999	1127
0772	2333	1232	5645	9898	4333	1993	3431	2667	6388
9834	3457	8733	4722	1127	8839	2233	3849	8299	2323

Überprüfen Sie direkt im Anschluß das Ergebnis Ihrer Gedächtnisleistung. Die Lösungen finden Sie auf S. 57.

Zahlen identifizieren (3)

Prägen Sie sich diese sieben sechsstelligen Zahlen ein. Sie haben hierzu 3 Minuten Zeit.

112344 224769 337371 994899 228812 644556 222332

Zahlen identifizieren (3)

Markieren Sie die sieben Zahlen, die Sie sich zuvor eingeprägt haben. Sie haben hierzu 3 Minuten Zeit. Decken Sie dabei die gegenüber liegende Seite ab.

113588	224769	533464	517285	482534	142152	101243	441365	113256
165728	156212	176122	112344	231545	652367	523111	100982	616056
911198	159000	801232	371203	788193	025610	296446	137114	337371
129334	737643	453643	518011	994899	709095	522648	254451	223862
228812	234443	216567	857976	517568	372226	467343	151116	124992
509901	922302	845360	556191	711292	234346	644556	544635	449999
160772	423433	152362	156245	449898	343334	169937	384931	278667
449834	324537	811733	427232	131247	388439	222332	438439	658299

Überprüfen Sie direkt im Anschluß das Ergebnis Ihrer Gedächtnisleistung. Die Lösungen finden Sie auf S. 58.

Lösung Zahlen identifizieren (1)

58	24	79	33	43	17	28	82	34	12	23	43	65	13	56	14	52
65	78	56	21	76	**10**	34	21	54	52	37	23	11	**98**	60	56	68
11	12	15	90	80	81	93	25	61	29	46	37	24	33	71	**36**	**29**
93	34	77	63	43	**10**	48	99	22	48	54	45	23	86	45	54	23
88	12	23	43	21	67	87	97	55	68	32	22	43	11	48	99	**44**
99	**32**	45	36	56	11	22	34	45	35	99	12	97	55	68	12	**29**
72	23	**36**	12	**32**	56	45	99	43	33	19	93	34	31	26	67	63
97	34	22	**58**	87	33	47	22	11	27	**98**	39	33	38	49	82	99
43	11	48	99	20	81	93	25	61	20	46	37	24	99	71	**44**	30

Für jede richtige Antwort erhalten Sie 2 Punkte. Insgesamt können hier 28 Punkte erreicht werden.

Lösung Zahlen identifizieren (2)

1358	2479	3344	1728	8234	1212	0123	4365	1356	1452
6578	5621	7612	1234	2154	5237	2311	**0098**	6056	9268
1198	1590	8012	1203	8193	2561	2946	3724	3371	**3629**
4343	1111	4899	0909	1203	8193	2561	2946	3724	0997
9334	7763	4343	**1011**	4899	0909	2248	5445	2386	4554
8812	2343	2167	8797	5568	3222	4343	1111	4899	0909
9901	**2232**	4536	5611	1122	3434	**4456**	4435	9999	1127
0772	2333	1232	5645	**9898**	4333	1993	3431	2667	6388
9834	3457	8733	4722	1127	8839	2233	3849	8299	2323

Für jede richtige Antwort erhalten Sie 5 Punkte. Insgesamt können hier 35 Punkte erreicht werden.

Lösung Zahlen identifizieren (3)

113588	224769	533464	517285	482534	142152	101243	441365	113256
165728	156212	176122	112344	231545	652367	523111	100982	616056
911198	159000	801232	371203	788193	025610	296446	137114	337371
129334	737643	453643	518011	994899	709095	522648	254451	223862
228812	234443	216567	857976	517568	372226	467343	151116	124992
509901	922302	845360	556191	711292	234346	644556	544635	449999
160772	423433	152362	156245	449898	343334	169937	384931	278667
449834	324537	811733	427232	131247	388439	222332	438439	658299

Für jede richtige Antwort erhalten Sie 6 Punkte. Insgesamt können hier 42 Punkte erreicht werden.

Auswertung

Insgesamt sind bei dieser Aufgabensammlung 105 Punkte zu erzielen.

Weniger als 20 Punkte: Versuchen Sie, sich besser zu konzentrieren, um Ihre Merkfähigkeit zu erhöhen.
Bis 52 Punkte: Hier hilft sicherlich noch etwas mehr Übung.
Ab etwa 53 Punkten liegen Sie sehr gut im Durchschnitt.
Ab etwa 65 Punkten zeigen Sie eine erstaunlich gute Leistung.
Ab 80 Punkten: Sie haben eine wirklich sehr gut entwickelte Merkfähigkeit.

Und jetzt zu den Buchstaben-Aufgaben ...

Buchstaben-Aufgaben

Vielleicht fällt es Ihnen leichter, Buchstaben zu memorieren als Zahlen. Hier haben Sie die Chance, es auszuprobieren.

Buchstaben einprägen (1)

Sie bekommen jetzt fünf Buchstabengruppen, die Sie sich einprägen sollen. Sie haben hierfür 1 Minute Zeit.

CSR ABA ZOO USA SIM

Buchstaben einprägen (1)

Kreisen Sie die Buchstabengruppen ein (sie kommen mehrfach vor), die Sie aus Ihrer Lernphase wiedererkennen. Sie haben hierfür 3 Minuten Zeit. Decken Sie dabei die gegenüber liegende Seite ab.

A X A S Q W E W S I M U A S Z O

D G B A G R T Z O O W T Z U V W

A B A E D F S G X X L Y Z X W S

X U S A S T V W X H A B C S R M

A C H U S A U B I U F S G D G B

E B A S I M J K L G B Z O O S G

C S R T Z U V W X Y C D E C D G

U A B A E D F S G X C L Y Z X W

Überprüfen Sie direkt im Anschluß das Ergebnis Ihrer Gedächtnisleistung. Die Lösungen finden Sie auf S. 66.

Buchstaben einprägen (2)

Sie bekommen jetzt sechs Buchstabengruppen, die Sie sich einprägen sollen. Sie haben hierfür 2 Minuten Zeit.

XXL DGB FSG ABC BIS AGB

Buchstaben einprägen (2)

Kreisen Sie die Buchstabengruppen ein (sie kommen mehrfach vor), die Sie aus Ihrer Lernphase wiedererkennen. Sie haben hierfür 3 Minuten Zeit. Decken Sie dabei die gegenüber liegende Seite ab.

A G B E D F S G X X L B I Z T U

D G B A G R T Z U V W T Z U V W

E B A S G D J K L G B E D F S G

S R T Z U V W X Y C D E C D G C

A B C E D F S H X X L Y Z X W S

X U B I S T V W X H A B C D G M

A C H I S Z U B I U F S K D G B

A X A S Q W E W S I M U A S Z O

S A G B E D F S E Y X L T U B I S

Überprüfen Sie direkt im Anschluß das Ergebnis Ihrer Gedächtnisleistung. Die Lösungen finden Sie auf S. 67.

Buchstaben einprägen (3)

Sie bekommen jetzt sieben Buchstabengruppen, die Sie sich einprägen sollen. Sie haben hierfür 2 Minuten Zeit.

ponu jhzu assf xyzy jkwv hiui ingo

Buchstaben einprägen (3)

Kreisen Sie die Buchstabengruppen ein, die Sie aus Ihrer Lernphase wiedererkennen. Sie haben hierfür 3 Minuten Zeit. Decken Sie dabei die gegenüber liegende Seite ab.

sdjk ashs kdzu lkmn bvgf jhzu sdjk ierz ingb jkws ojaz

assf ghzu jhgt asvc hgui stzu aart jhsu sdjk ashs kdzu

ingb jkws ojaz aspc kdzu xyxy iojg lkmn hgui stzu jkzu

sdjk ierz ingo jkwv ojaz sdjk ashs kdzu sdjk ashs kdzu

xhxt asvc hiui stzu aart sdjk ashs kdzu lkmn bvgf opui

ingb jkws ojaz aspc kdzu xyzy khjg ikmn ogui stzu jkzu

stjk gerz ponu jkwz ojaz sdjk ashs tzzu sdjo tshs pdzu

Überprüfen Sie direkt im Anschluß das Ergebnis Ihrer Gedächtnisleistung. Die Lösungen finden Sie auf S. 68.

Lösung Buchstaben einprägen (1)

A X A S Q W E W S I M U A S Z O

D G B A G R T Z O O W T Z U V W

A B A E D F S G X X L Y Z X W S

X U S A S T V W X H A B C S R M

A C H U S A U B I U F S G D G B

E B A S I M J K L G B Z O O S G

C S R T Z U V W X Y C D E C D G

U A B A E D F S G X C L Y Z X W

Für jede richtige Antwort erhalten Sie 2 Punkte. Insgesamt können hier 20 Punkte erreicht werden.

Lösung Buchstaben einprägen (2)

A G B E D F S G X X L B I Z T U

D G B A G R T Z U V W T Z U V W

E B A S G D J K L G B E D F S G

S R T Z U V W X Y C D E C D G C

A B C E D F S H X X L Y Z X W S

X U B I S T V W X H A B C D G M

A C H I S Z U B I U F S K D G B

A X A S Q W E W S I M U A S Z O

S A G B E D F S E Y X L T U B I S

Für jede richtige Antwort erhalten Sie 2 Punkte. Insgesamt können hier 24 Punkte erreicht werden.

Lösung Buchstaben einprägen (3)

sdjk ashs kdzu lkmn bvgf jhzu sdjk ierz ingb jkws ojaz

assf ghzu jhgt asvc hgui stzu aart jhsu sdjk ashs kdzu

ingb jkws ojaz aspc kdzu xyxy iojg lkmn hgui stzu jkzu

sdjk ierz ingo jkwv ojaz sdjk ashs kdzu sdjk ashs kdzu

xhxt asvc hiui stzu aart sdjk ashs kdzu lkmn bvgf opui

ingb jkws ojaz aspc kdzu xyzy khjg ikmn ogui stzu jkzu

stjk gerz ponu jkwv ojaz sdjk ashs tzzu sdjo tshs pdzu

Für jede richtige Antwort erhalten Sie 4 Punkte. Insgesamt können hier 28 Punkte erreicht werden.

Auswertung

Insgesamt sind bei dieser Aufgabensammlung 72 Punkte zu erzielen.

Weniger als 15 Punkte: Versuchen Sie, sich besser zu konzentrieren, um Ihre Merkfähigkeit zu erhöhen.
Bis 35 Punkte: Hier hilft sicherlich noch etwas mehr Übung.
Ab 36 Punkten liegen Sie sehr gut im Durchschnitt.
Ab 42 Punkten zeigen Sie eine erstaunlich gute Leistung.
Ab 51 Punkten: Sie haben eine wirklich sehr gut entwickelte Merkfähigkeit.

Stellen Sie einen deutlichen Unterschied zwischen den Zahlen- und den Buchstabenaufgaben fest?

Sie können das Ergebnis der Zahlen und Buchstaben auch zusammenfassen. Addieren Sie beide Ergebnisse und teilen Sie sie durch 2.

Und weiter geht's:

Jetzt dreht sich alles um Worte. Die müssen Sie sich gut einprägen. Substantive, Verben, Adjektive und Phantasie-Worte werden sich in Ihrem Kopf drehen.

Wort-Aufgaben

Ganze Texte, Zahlen oder Buchstaben-Kombinationen sind etwas anderes als einfache Worte. Für nicht wenige Leute ist das Einprägen von Namen oder Adressen eine besondere Herausforderung. Probieren Sie es aus.

Worte einprägen (1)

Lernen Sie diese zehn Substantive und Verben auswendig. Sie haben hierfür 1 Minute Zeit. Decken Sie anschließend diese Seite zu.

gehen

Lampe

Fußball

Schuß

fallen

Tor

schließen

Tür

öffnen

Schluß

Worte einprägen (1)

Schreiben Sie die zehn Substantive und Verben auf. Sie haben hierfür 2 Minuten Zeit.

Überprüfen Sie direkt im Anschluß das Ergebnis Ihrer Gedächtnisleistung. Für jede richtige Antwort erhalten Sie 0,5 Punkte. Insgesamt können hier 5 Punkte erreicht werden.

Worte einprägen (2)

Prägen Sie sich jetzt diese 15 Substantive und Verben ein. Sie haben hierfür 2 Minuten Zeit. Decken Sie anschließend diese Seite zu.

Katze

Strumpf

tanzen

Ingenieur

weinen

Keller

bellen

Beil

Putzmittel

lachen

Tankstelle

Hubschrauber

Post

Schnitzel

riechen

Worte einprägen (2)

Schreiben Sie die 15 Substantive und Verben auf. Sie haben hierfür 3 Minuten Zeit.

Überprüfen Sie direkt im Anschluß das Ergebnis Ihrer Gedächtnisleistung. Für jede richtige Antwort erhalten Sie 0,5 Punkte. Insgesamt können hier 7,5 Punkte erreicht werden.

Worte einprägen (3)

Prägen Sie sich jetzt 20 Substantive und Verben ein. Sie haben hierfür 2 Minuten Zeit. Decken Sie anschließend diese Seite zu.

heizen

Waschbecken

Lokomotive

turnen

Opposition

Sternenhimmel

lechzen

Küken

Milch

Schornsteinfeger

Feindschaft

leugnen

Sieg

hungern

Baby

Tiefsee

Urlaub

Spion

parken

Gras

Worte einprägen (3)

Schreiben Sie die 20 Substantive und Verben auf. Sie haben hierfür 3 Minuten Zeit.

Überprüfen Sie direkt im Anschluß das Ergebnis Ihrer Gedächtnisleistung. Für jede richtige Antwort erhalten Sie 0,5 Punkte. Insgesamt können hier 10 Punkte erreicht werden.

Vokabeln lernen (1)

Lernen Sie diese acht Wortbedeutungen wie bei einer Fremdsprache auswendig. Sie haben hierfür 2 Minuten Zeit. Decken Sie anschließend diese Seite zu.

Fenster	tinger
Messer	kulam
essen	fingo
Musik	dawida
malen	unna
trinken	tebak
Gardine	zukaba
Streichholz	op

Vokabeln lernen (1)

Markieren Sie nun die richtige Übersetzung. Sie haben hierfür 3 Minuten Zeit.

Übersetzungsvorschläge

Gardine	zukaba fingo unno fandig zumbana
essen	zunz dawo fingo ista unna
malen	unna ubo fingo hadow hada
trinken	unno fandig zumbana tebak oppo
Streichholz	opp op po uto hoto
Messer	klamo kulana kukuk kulano kulam
Fenster	tinger zubo dabi fango timo
Musik	widawa dawida wondu dabi tingo

Lösung Vokabeln lernen (1)

Übersetzungsvorschläge

Gardine	zukaba fingo unno fandig zumbana
essen	zunz dawo fingo ista unna
malen	unna ubo fingo hadow hada
trinken	unno fandig zumbana tebak oppo
Streichholz	opp op po uto hoto
Messer	klamo kulana kukuk kulano kulam
Fenster	tinger zubo dabi fango timo
Musik	widawa dawida wondu dabi tingo

Für jede richtige Antwort erhalten Sie 1 Punkt. Insgesamt können hier 8 Punkte erreicht werden.

Vokabeln lernen (2)

Lernen Sie nun diese 13 Wortbedeutungen wie bei einer Fremdsprache auswendig. Sie haben hierfür 3 Minuten Zeit.

Amerika	uhsaa
Hammer	bum
Fuß	go
Bruder	kuxer
Buch	nevug
Süden	fuhuf
Nerven	puxiff
ruhen	fewohh
schlafen	kuvuxx
schreiben	mojohh
lieben	sacudd
Tiere	zuvavv
Schwimmer	goxog

Vokabel lernen (2)

Markieren Sie die richtige Übersetzung. Sie haben hierfür 3 Minuten Zeit. Decken Sie dabei die gegenüber liegende Seite ab.

Übersetzungsvorschläge

Nerven	pufu	go	nevus	puxiff	zuro
ruhen	fewohh	folo	fuel	bo	fewo
Fuß	ko	buo	do	go	hobo
Tiere	zuvavv	zoobo	vag	zuwa	zwast
Buch	neuri	hovo	fulo	nevug	nuowo
Süden	juvo	fujo	fuhuf	fuoel	huo
Hammer	bim	bamm	bum	bums	bom
lieben	sacho	sacudd	sobo	sacutt	sabat
schlafen	kondor	kujau	kurzz	kunsf	kuvuxx
schreiben	mojohh	mono	manns	hunko	bunst
Bruder	kunst	duo	gunno	kuxer	kuxo
Schwimmer	gogo	goxog	nomo	huon	gobu
Amerika	ussa	uhsa	uhsaa	usaa	uussaa

Lösung Vokabeln lernen (2)

Übersetzungsvorschläge

Nerven	pufu	go	nevus	**puxiff**	zuro
ruhen	**fewohh**	folo	fuel	bo	fewo
Fuß	ko	buo	do	**go**	hobo
Tiere	**zuvavv**	zoobo	vag	zuwa	zwast
Buch	neuri	hovo	fulo	**nevug**	nuowo
Süden	juvo	fujo	**fuhuf**	fuoel	huo
Hammer	bim	bamm	**bum**	bums	bom
lieben	sacho	**sacudd**	sobo	sacutt	sabat
schlafen	kondor	kujau	kurzz	kunsf	**kuvuxx**
schreiben	**mojohh**	mono	manns	hunko	bunst
Bruder	kunst	duo	gunno	**kuxer**	kuxo
Schwimmer	gogo	**goxog**	nomo	huon	gobu
Amerika	ussa	uhsa	**uhsaa**	usaa	uussaa

Für jede richtige Antwort erhalten Sie 1 Punkt. Insgesamt können hier 13 Punkte erreicht werden.

Vokabeln lernen (3)

Lernen Sie nun diese 17 Wortbedeutungen wie bei einer Fremdsprache auswendig. Sie haben hierfür 3 Minuten Zeit. Decken Sie anschließend diese Seite zu.

telefonieren	pohono
Sorge	soomo
Heizung	wagna
Fisch	nusir
Tod	juno
machen	maffa
fett	ka
frei	lumogust
Tag	otuz
Wunsch	zudor
Hexe	quadri
zaubern	wabo
Strich	isto
Rose	pukastu
grün	irtum
Busch	rasdum
Bremse	klafo

Vokabeln lernen (3)

Markieren Sie die richtige Übersetzung. Sie haben hierfür 4 Minuten Zeit.

Übersetzungsvorschläge

Fisch	nomu	nuba	navo	ohfa	nusir
Heizung	jubo	wagna	warra	buster	nuro
Tod	jobust	ganz	juno	hunds	jugo
fett	cast	kos	sto	ka	janz
zaubern	wabo	huno	wabi	wast	quast
machen	miao	maffa	maffist	munst	man
telefonieren	puno	pohono	pasta	phono	po
Sorge	soomo	sogo	sandra	sast	gast
Hexe	quadra	garant	quast	ust	quadri
Wunsch	zuwa	zeder	zudor	zamba	zu
frei	long	langust	lusta	lumogust	lang
Busch	rasta	rasdum	ramma	randuo	ra
Tag	otto	ondust	orta	otuz	rastq
Bremse	opost	pouma	jugzt	ust	klafo
grün	tun	irtum	zuro	irrtar	uto
Strich	uto	zuxa	straw	istum	isto
Rose	pukastu	pubka	umpo	uzst	pi

Lösung Vokabeln lernen (3)

Übersetzungsvorschläge

Fisch	nomu	nuba	navo	ohfa	**nusir**
Heizung	jubo	**wagna**	warra	buster	nuro
Tod	jobust	ganz	**juno**	hunds	jugo
fett	cast	kos	sto	**ka**	janz
zaubern	**wabo**	huno	wabi	wast	quast
machen	miao	**maffa**	maffist	munst	man
telefonieren	puno	**pohono**	pasta	phono	po
Sorge	**soomo**	sogo	sandra	sast	gast
Hexe	quadra	garant	quast	ust	**quadri**
Wunsch	zuwa	zeder	**zudor**	zamba	zu
frei	long	langust	lusta	**lumogust**	lang
Busch	rasta	**rasdum**	ramma	randuo	ra
Tag	otto	ondust	orta	**otuz**	rastq
Bremse	opost	pouma	jugzt	ust	**klafo**
grün	tun	**irtum**	zuro	irrtar	uto
Strich	uto	zuxa	straw	istum	**isto**
Rose	**pukastu**	pubka	umpo	uzst	pi

Für jede richtige Antwort erhalten Sie 1 Punkt. Insgesamt können hier 17 Punkte erreicht werden.

Namen merken

Merken Sie sich die folgenden Namen. Sie haben hierfür 2 Minuten Zeit.

Sandra Durahn
Sabine Silver
Marion Just
Hans Hermann
Peter Mayer
Franz Ustoff
Nicole Lehmann
Janet Timber
Marlis Jahn
Erik Zambel

Namen merken

Welche Namen haben Sie sich gemerkt? Sie haben 3 Minuten Zeit, diese aus den vorgegebenen Lösungsvorschlägen zu markieren. Decken Sie dabei die gegenüber liegende Seite ab.

Hans Halter
Michael Manus
Manfred Mohr
Sabine Müller
Sandra Durahn
Franz Michel
Fritz Schwarz
Herbert Mars
Sabrina Stiller
Sabine Silver
Hans Durst
Hans Dumm
Marion Just
Felix Krumm
Erich Kurz
Enno Gast
Ellie Mayer
Gustav Hahn
Hans Hermann
Peter Mayer
Peter Manns
Gerd Garde
Sandra Durst
Franz Ustoff
Marion Schmidt
Simone Zimbo
Nicole Lehmann
Nadin Narrow
Janet Timber
Janet Umbra
Jahn Karst
John Herbst
Nomi Lehmann
Nicole Schwarz
Marlis Jahn
Erik Zambel
Erik Hutt
Sabine Zumba
Marina Just
Nicola Lehmann
Jane Timber

Lösung Namen merken

Hans Halter
Michael Manus
Manfred Mohr
Sabine Müller
Sandra Durahn
Franz Michel
Fritz Schwarz
Herbert Mars
Sabrina Stiller
Sabine Silver
Hans Durst
Hans Dumm
Marion Just
Felix Krumm
Erich Kurz
Enno Gast
Ellie Mayer
Gustav Hahn
Hans Hermann
Peter Mayer
Peter Manns
Gerd Garde
Sandra Durst
Franz Ustoff
Marion Schmidt
Simone Zimbo
Nicole Lehmann
Nadin Narrow
Janet Timber
Janet Umbra
Jahn Karst
John Herbst
Nomi Lehmann
Nicole Schwarz
Marlis Jahn
Erik Zambel
Erik Hutt
Sabine Zumba
Marina Just
Nicola Lehmann
Jane Timber

Für jede richtige Antwort erhalten Sie 2 Punkte. Insgesamt können hier 20 Punkte erreicht werden.

Namen/Beruf/Adresse merken

Jetzt merken Sie sich bitte Namen, Beruf und Anschrift dieser unten aufgeführten Kandidaten. Sie haben hierfür 3 Minuten Zeit. Decken Sie anschließend diese Seite zu.

Hans Christian Fenchel, 37J, Polizist,
Bonn, Schubertstr. 15, Tel: 23 23 00

Hanna Maria Schader, 24J, Schneiderin,
Köln, Hamburger Str. 72, Tel: 12 34 56

Sabrina Merseburg, 35J, Germanistin,
Berlin, Calvinstr. 25, Tel: 99 87 65

Manu Hanna Schubert, 26J, Verkäuferin,
München, Franzstr. 665, Tel: 66 55 12

Karl Heinz Schneller, 30J, Banker,
Hamburg, Torplatz 1, Tel: 123 55 83

Namen/Beruf/Adresse merken

Markieren Sie die richtig gemerkten Namen, mit korrekter Berufs- und Adress-Angabe. Sie haben hierfür 4 Minuten Zeit.

Peter Frank Stiller, 44J, Mediziner,
Freiburg, Hohestr. 23, Tel: 87 29 45

Sabine Merseburg, 35J, Germanistin,
Berlin, Calvinstr. 25, Tel: 99 87 65

Peter Frank Stiller, 30J, Mediziner,
Freiburg, Hohenstr. 25, Tel: 87 29 45

Karl Heinz Schnell, 30J, Bäcker,
Hamburg, Torplatz 1, Tel: 123 55 83

Manuela Schubert, 26J, Verkäuferin,
München, Franzstr. 665, Tel: 66 55 12

Hanna Maria Schader, 24J, Schneiderin,
Köln, Hamburger Str. 72, Tel: 12 34 56

Karl Heinz Schnell, 35J, Bäcker,
Hamburg, Torplatz 2, Tel: 123 55 83

Manu Hanna Schubert, 36J, Verkäuferin,
München, Franzstr. 665, Tel: 66 55 12

Sabrina Messeburg, 35J, Pianistin,
Berlin, Calvinstr. 25, Tel: 99 88 65

Hans Christian Fenchel, 37J, Pianist,
Bern, Schubertstr. 15, Tel: 23 23 00

Manu Hanna Schubert, 26J, Verkäuferin,
München, Franzstr. 665, Tel: 66 55 12

Hans Gustav Schelle, 23J, Musiker,
Frankfurt, Hinzestr. 123, Tel: 34 09 76

Hans Gustav Scheller, 33J, Musiker,
Frankfurt, Hirsestr. 123, Tel: 34 09 76

Werner Christian Schramms, 34J,
Leipzig, Stahlstr. 156, Tel: 48 92 10

Hans Christian Fenchel, 37J, Polizist,
Bonn, Schubertstr. 15, Tel: 23 23 00

Marion Peters, 26J, Verkäuferin,
Karlsruhe, Marsstr. 23, Tel: 65 28 49

Karl Heinz Selle, 33J, Banker,
Hamburg, Torplatz 1, Tel: 123 44 83

Karl Heinz Schneller, 30J, Banker,
Hamburg, Torplatz 1, Tel: 123 55 83

Hans Christian Fenchel, 47J, Polizist,
Bonn, Schumannstr. 15, Tel: 23 23 00

Sabrina Merseburg, 35J, Germanistin,
Berlin, Calvinstr. 25, Tel: 99 87 65

Hans Christian Ferchel, 37J, Polizist,
Bonn, Schubertstr. 10, Tel: 23 00 00

Überprüfen Sie direkt im Anschluß das Ergebnis Ihrer Gedächtnisleistung.

Lösung Name/Beruf/Adresse merken

Peter Frank Stiller, 44J, Mediziner,
Freiburg, Hohestr. 23, Tel: 87 29 45

Sabine Merseburg, 35J, Germanistin,
Berlin, Calvinstr. 25, Tel: 99 87 65

Peter Frank Stiller, 30J, Mediziner,
Freiburg, Hohenstr. 25, Tel: 87 29 45

Karl Heinz Schnell, 30J, Bäcker,
Hamburg, Torplatz 1, Tel: 123 55 83

Manuela Schubert, 26J, Verkäuferin,
München, Franzstr. 665, Tel: 66 55 12

Hanna Maria Schader, 24J, Schneiderin,
Köln, Hamburger Str. 72, Tel: 12 34 56

Karl Heinz Schnell, 35J, Bäcker,
Hamburg, Torplatz 2, Tel: 123 55 83

Manu Hanna Schubert, 36J, Verkäuferin,
München, Franzstr. 665, Tel: 66 55 12

Sabrina Messeburg, 35J, Pianistin,
Berlin, Calvinstr. 25, Tel: 99 88 65

Hans Christian Fenchel, 37J, Pianist,
Bern, Schubertstr. 15, Tel: 23 23 00

Manu Hanna Schubert, 26J, Verkäuferin,
München, Franzstr. 665, Tel: 66 55 12

Hans Gustav Schelle, 23J, Musiker,
Frankfurt, Hinzestr. 123, Tel: 34 09 76

Hans Gustav Scheller, 33J, Musiker,
Frankfurt, Hirsestr. 123, Tel: 34 09 76

Werner Christian Schramms, 34J,
Leipzig, Stahlstr. 156, Tel: 48 92 10

Hans Christian Fenchel, 37J, Polizist,
Bonn, Schubertstr. 15, Tel: 23 23 00

Marion Peters, 26J, Verkäuferin,
Karlsruhe, Marsstr. 23, Tel: 65 28 49

Karl Heinz Selle, 33J, Banker,
Hamburg, Torplatz 1, Tel: 123 44 83

Karl Heinz Schneller, 30J, Banker,
Hamburg, Torplatz 1, Tel: 123 55 83

Hans Christian Fenchel, 47J, Polizist,
Bonn, Schumannstr. 15, Tel: 23 23 00

Sabrina Merseburg, 35J, Germanistin,
Berlin, Calvinstr. 25, Tel: 99 87 65

Hans Christian Ferchel, 37J, Polizist,
Bonn, Schubertstr. 10, Tel: 23 00 00

Für jede richtige Antwort erhalten Sie 5 Punkte. Insgesamt können hier 25 Punkte erreicht werden.

Auswertung

Insgesamt sind bei dieser Aufgabensammlung (S. 70–92) 105,5 Punkte zu erzielen.

Weniger als 20 Punkte: Versuchen Sie, sich besser zu konzentrieren, um Ihre Merkfähigkeit zu erhöhen.
Bis 49 Punkte: Hier hilft sicherlich noch etwas mehr Übung.
Ab etwa 50 Punkten liegen Sie sehr gut im Durchschnitt.
Ab etwa 60 Punkten zeigen Sie eine erstaunlich gute Leistung.
Ab 75 Punkten: Sie haben eine wirklich sehr gut entwickelte Merkfähigkeit.

Und weiter geht's:

Jetzt dreht sich alles um Ihre grafische Gedächtnisleistung. Sie müssen sich im folgenden Bilder und Zeichnungen gut einprägen.

Bild-Aufgaben

Wie arbeitet Ihr visuelles Gedächtnis? Mit den folgenden Aufgaben bieten sich Ihnen Trainings- und Überprüfungs-Möglichkeiten.

Personen identifizieren

Hier sehen Sie die Gesichter zweier Personen. Bitte prägen Sie sich beide gut ein, später werden Sie dazu eine Aufgabe bekommen. Sie haben hierfür 1 Minute Zeit.

Ihre Aufgabe erhalten Sie etwas später!

Gesichter wiedererkennen

Prägen Sie sich jetzt die drei gezeichnete Gesichter gut ein. Sie haben hierfür 2 Minuten Zeit.

A B C

Gesichter wiedererkennen

Finden Sie nun die drei Gesichter in diesen Fünferreihen wieder. Achtung: Sie können mehrfach auftauchen!

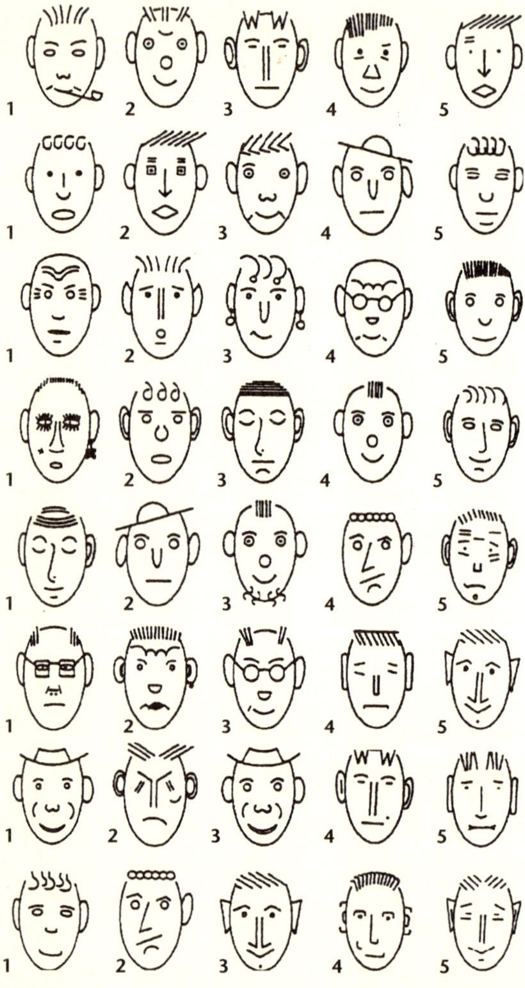

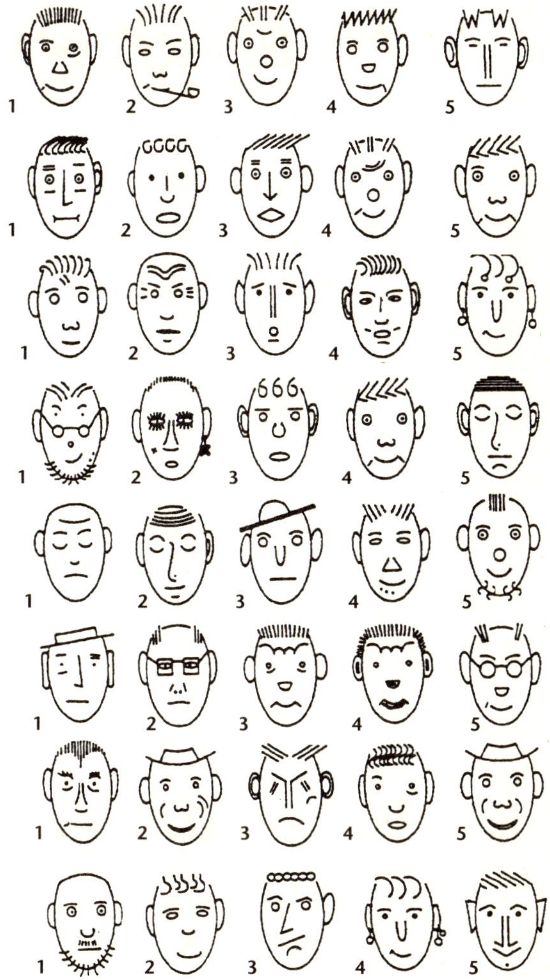
1 2 3 4 5
1 2 3 4 5
1 2 3 4 5
1 2 3 4 5
1 2 3 4 5
1 2 3 4 5
1 2 3 4 5
1 2 3 4 5

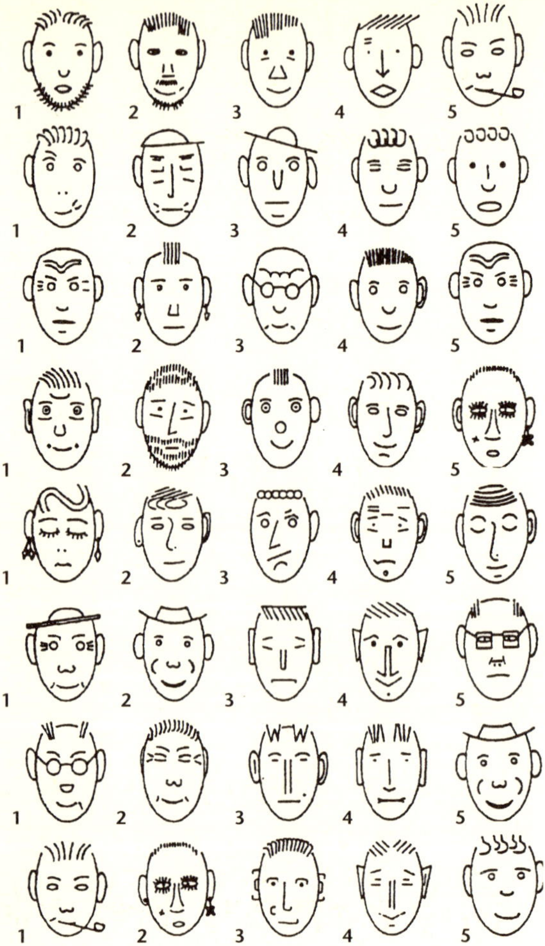
1 2 3 4 5
1 2 3 4 5
1 2 3 4 5
1 2 3 4 5
1 2 3 4 5
1 2 3 4 5
1 2 3 4 5
1 2 3 4 5

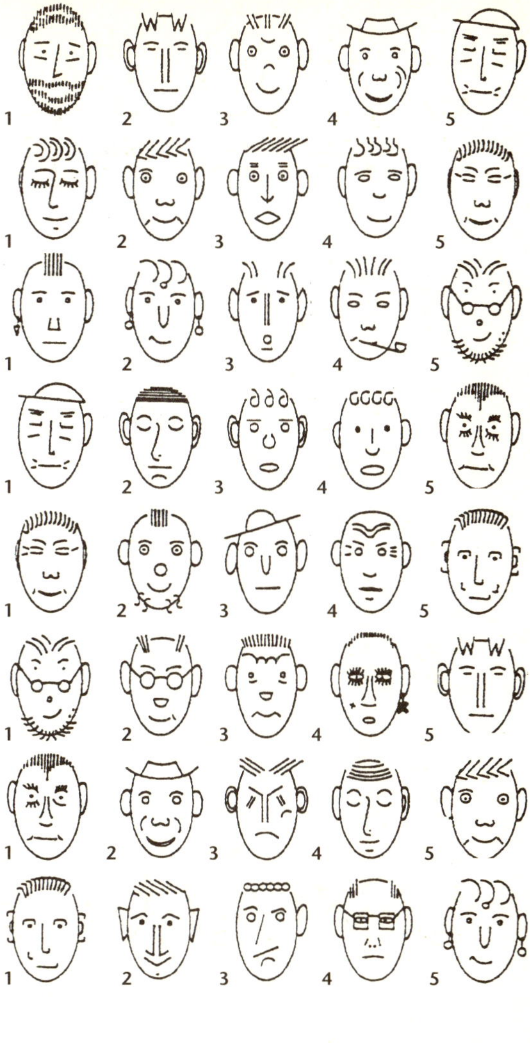
1 2 3 4 5
1 2 3 4 5
1 2 3 4 5
1 2 3 4 5
1 2 3 4 5
1 2 3 4 5
1 2 3 4 5
1 2 3 4 5

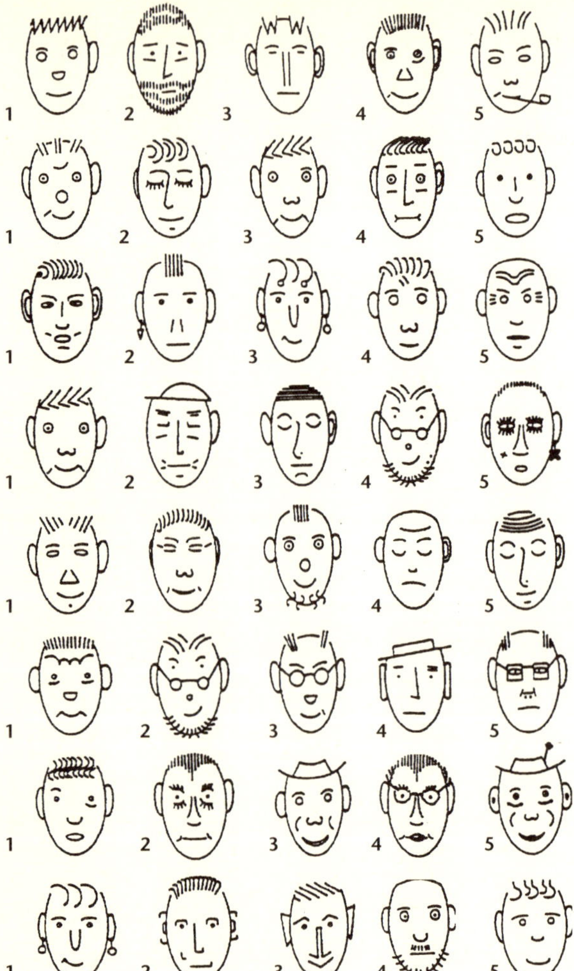
1 2 3 4 5
1 2 3 4 5
1 2 3 4 5
1 2 3 4 5
1 2 3 4 5
1 2 3 4 5
1 2 3 4 5
1 2 3 4 5

Lösung Gesichter wiedererkennen

Seite 96
1. Reihe B5
3. Reihe A5

Seite 98
1. Reihe B4
3. Reihe A4

Seite 99
6. Reihe C3

Seite 100
6. Reihe C1

Für jede richtige Antwort erhalten Sie 4 Punkte. Insgesamt können hier 24 Punkte erreicht werden.

Veränderungen identifizieren

Sie sehen hier eine Reihe von Bildern. Prägen Sie sich die Darstellung und Abfolge gut ein. Sie haben hierfür 2 Minuten Zeit. Decken Sie anschließend diese Seite zu.

1

2

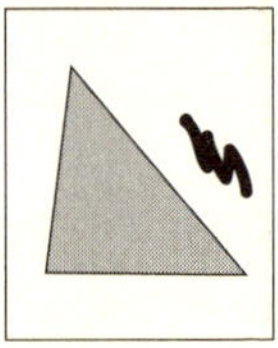

3

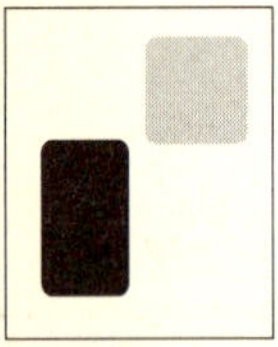

4

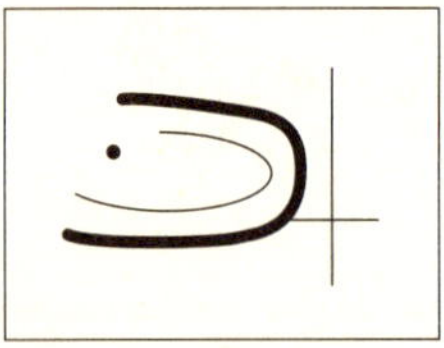

5

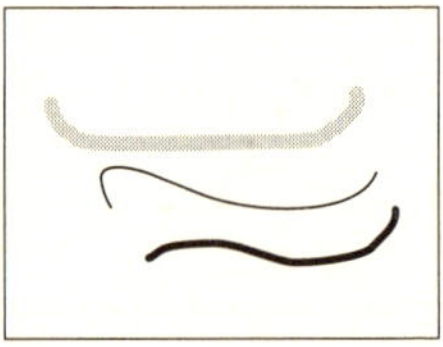

6

7

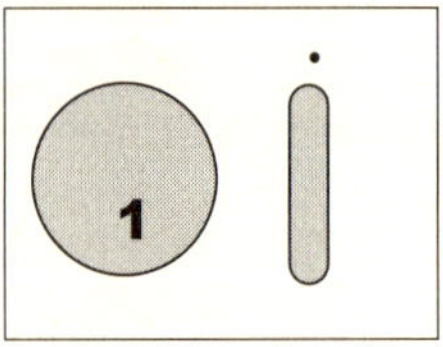

8

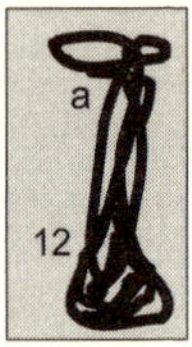

9

Veränderungen identifizieren

Nachfolgend die Bilder in veränderter Reihenfolge. In welcher Reihenfolge wurden Sie Ihnen eben gezeigt? Sie haben hierfür 2 Minuten Zeit.

1

2

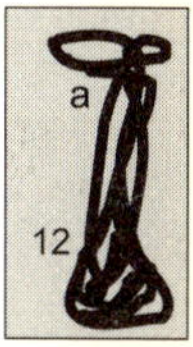

3

4

5

6

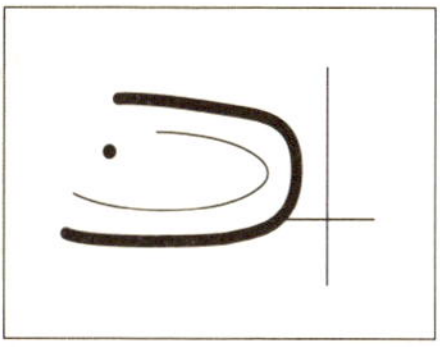

7

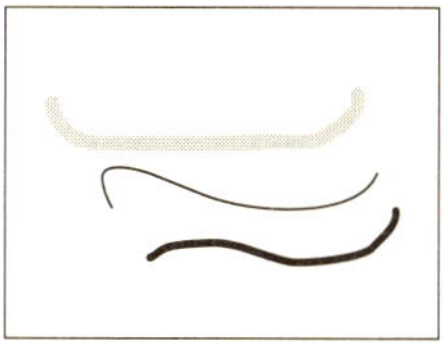

8

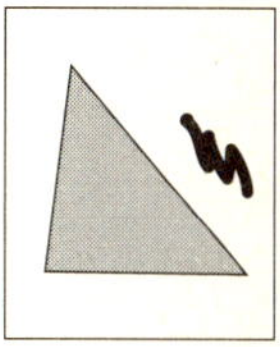

9

Lösung Veränderungen identifizieren

Reihenfolge (die Angaben in Klammer bezeichnen die jeweilige Ausgangsposition der Abbildungen)

1. Reihe 1(7) 2(8) 3(9)
2. Reihe 4(1) 5(2) 6(4)
3. Reihe 7(5) 8(6) 9(3)

Für jede richtige Lösung erhalten Sie Punkte:
Richtige Reihenfolge, Position jeweils 2 Punkte.
Insgesamt können hier 18 Punkte erreicht werden.

Stadtplan identifizieren

Sie sehen hier eine Art Stadtplan. Prägen Sie sich diesen und den durch einen schwarzen Strich markierten Weg von S (Start) nach Z (Ziel) gut ein. Sie haben hierfür 2 Minuten Zeit.

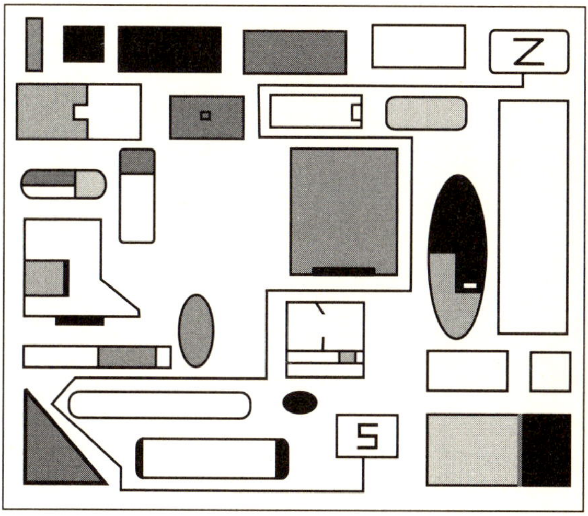

Stadtplan identifizieren

Sie erinnern sich: Sie hatten sich einen Stadtplan und Weg einzuprägen. Welcher Stadtplan – inklusive richtig eingezeichnetem Weg – ist dem Originalplan am ähnlichsten? Plan A, B, C, D, E, F oder G ? Sie haben hierfür 3 Minuten Zeit.

Plan A

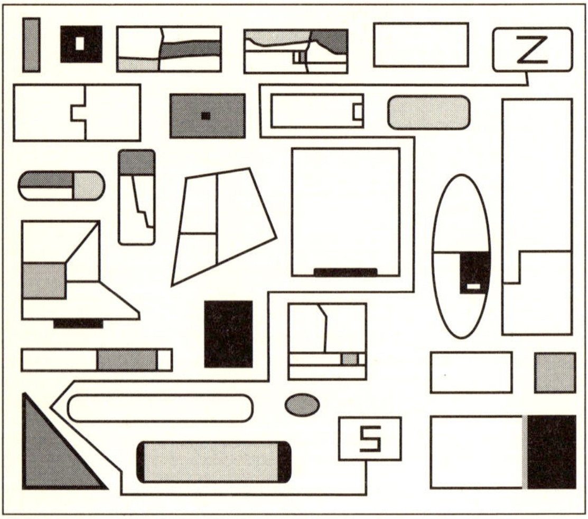

Plan B

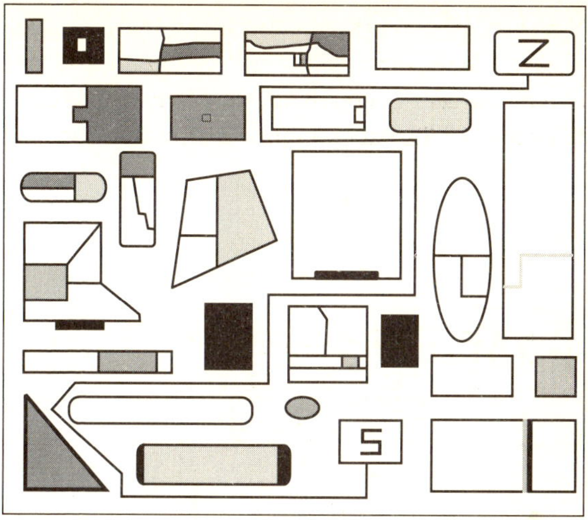

Plan C

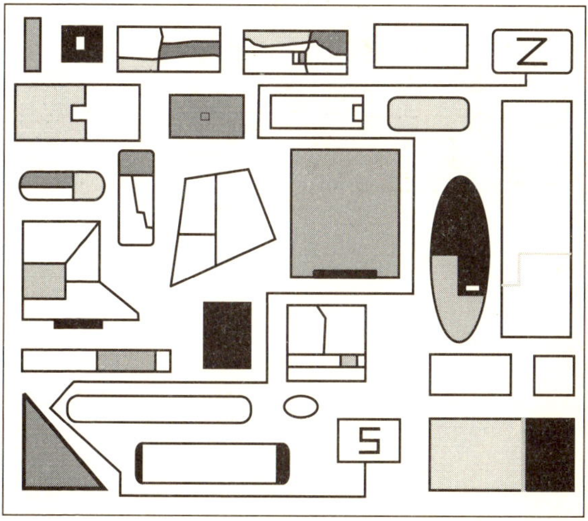

Plan D

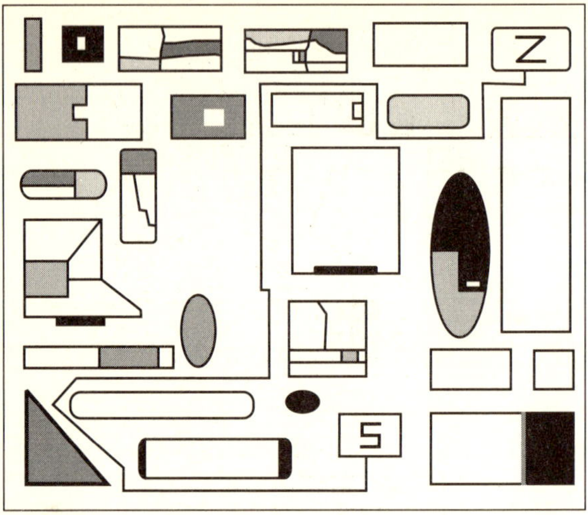

Plan E

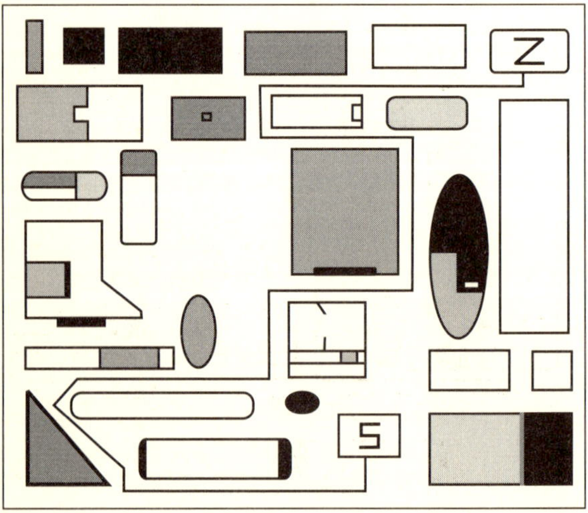

Plan F

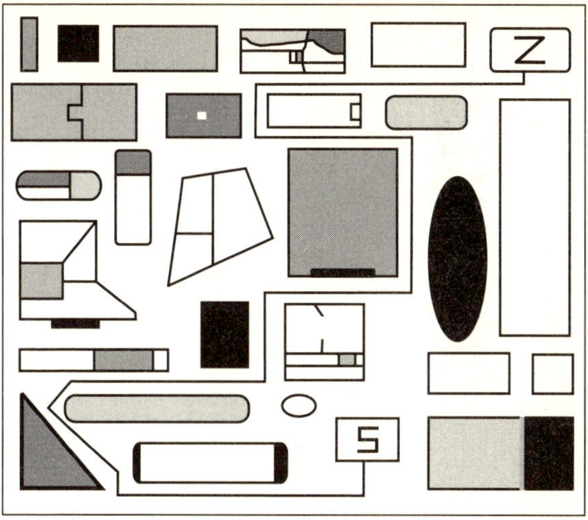

Plan G

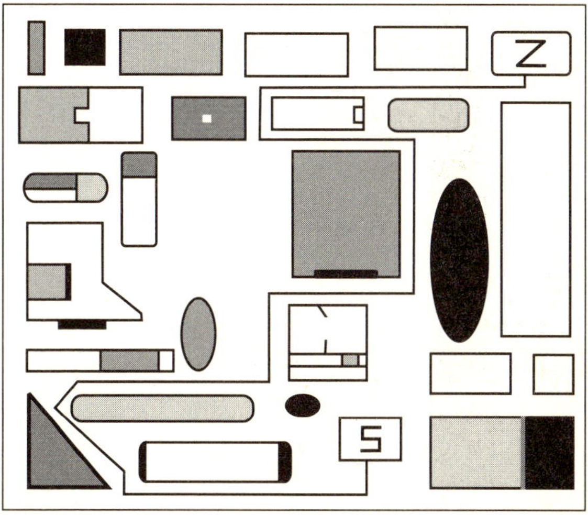

Lösung Stadtplan identifizieren

Stadtplan E ist die richtige Lösung. Für die richtige Antwort erhalten Sie 10 Punkte.

Komplexe Merkaufgabe (1)

Der hier gezeigte Kartenausschnitt zeigt Ihnen Straßen, Gebäude und andere Dinge. Die wichtigsten sind mit einer Zahl versehen. Prägen Sie sich alles gut ein. Sie haben hierfür 3 Minuten Zeit.

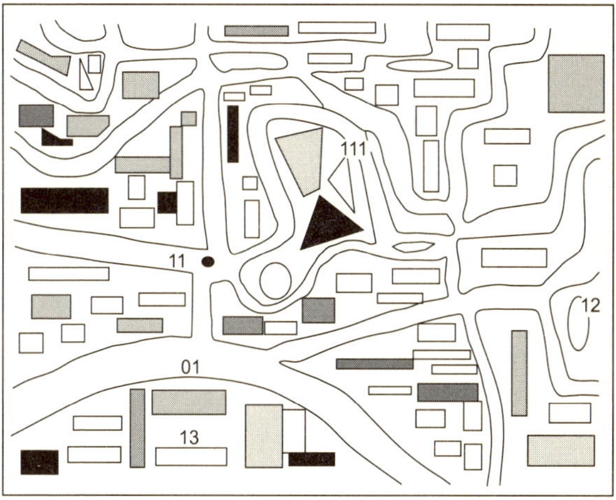

Diese Orte, Gebäude etc. bitte besonders gut zu memorieren.

01 = Hauptstraße
11 = Denkmal
12 = Platz der Freundschaft
13 = Begegnungsstätte
111 = Bibliothek

Komplexe Merkaufgabe (1)

Ihre Aufgabe: Welche Straßen, Gebäude und andere Dinge sollten von Ihnen eingeprägt werden?

Bitte Zahl, Bezeichnung wie im Original hier in diesem Plan eintragen. Sie haben hierfür 3 Minuten Zeit.

Es handelt sich um folgende Objekte (mit Nr.):

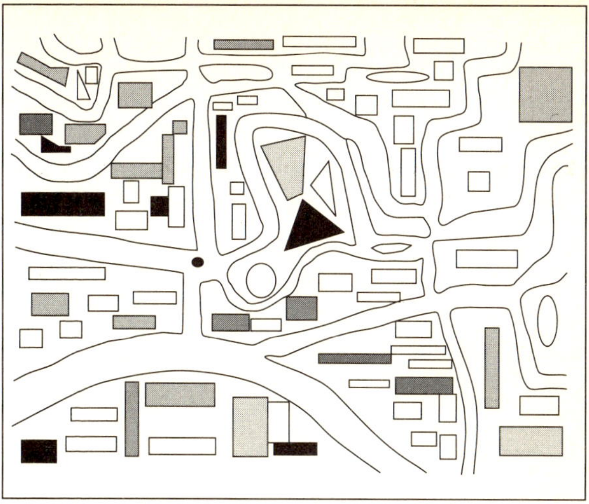

Schauen Sie sich jetzt noch einmal für 2 Minuten die Originalzeichnung auf Seite 111 an.

Komplexe Merkaufgabe (2)

Ihre Aufgabe jetzt ist es, wieder die vorher bezeichneten Objekte in diesen Plan einzutragen. Der Plan wurde jetzt jedoch etwas gedreht. Sie haben hierfür 2 Minuten Zeit. Decken Sie dabei die gegenüber liegende Seite ab.

01 = Hauptstraße
11 = Denkmal
12 = Platz der Freundschaft
13 = Begegnungsstätte
111 = Bibliothek

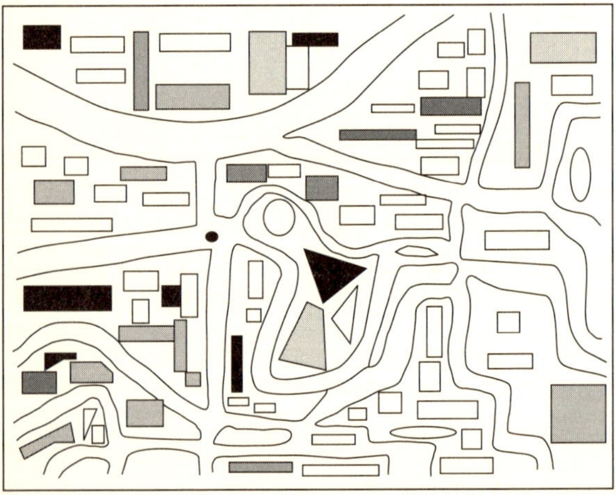

Lösung komplexe Merkaufgaben

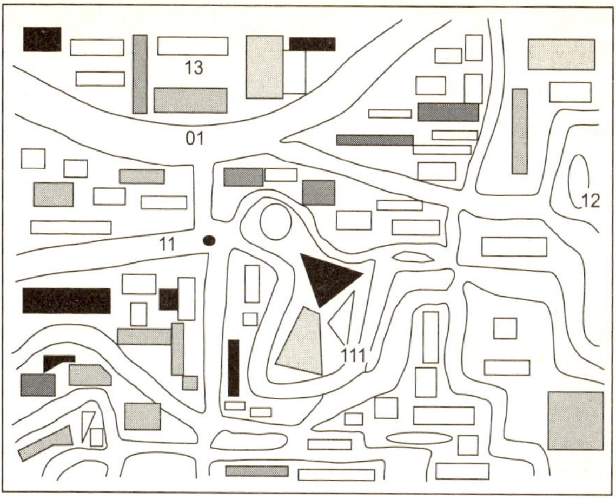

Komplexe Merkaufgabe (1)
Die richtige Benennung der Objekte ergibt jeweils 0,5 Punkte, max. 2,5 Punkte.
Die richtige Numerierung ergibt jeweils 0,5 Punkte, max. 2,5 Punkte.

Die richtige Einzeichnung im Plan ergibt jeweils 1 Punkt, max. 5 Punkte.

Komplexe Merkaufgabe (2)
Die richtige Einzeichnung im Plan ergibt jeweils 3 Punkte, max. 15 Punkte.

Insgesamt können hier 25 Punkte erreicht werden.

Weg einprägen (1)

Hier sehen Sie auf einem Stadtplan einen relativ einfachen Weg eingezeichnet. Prägen Sie sich diesen gut ein. Sie haben hierfür 1 Minute Zeit. Decken Sie anschließend diese Seite zu.

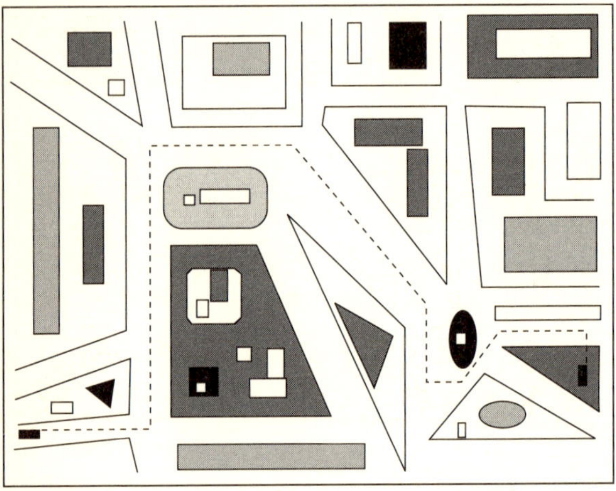

Start Ziel

Weg einprägen (1)

Zeichnen Sie den memorierten Weg in den Stadtplan ein. Sie haben hierfür 1 Minute Zeit.

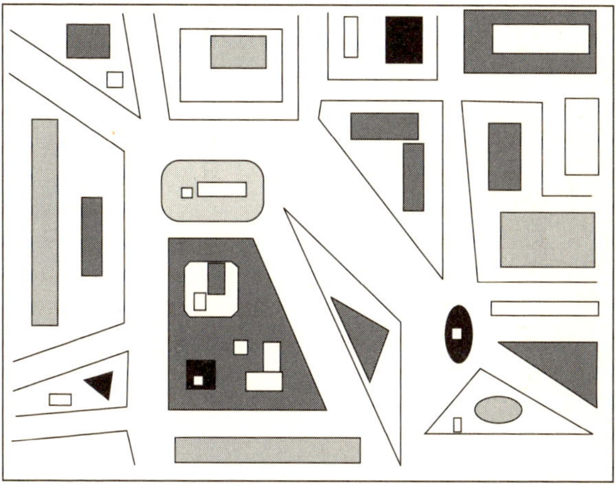

Vergleichen Sie Ihre Wegskizze mit der Originalzeichnung.

Nach Ablauf der Bearbeitungszeit schauen Sie sich den Originalplan und Weg nochmals für 1 Minute an.

Weg einprägen (2)

Jetzt ist der Stadtplan gedreht und gespiegelt worden. Diese neue Perspektive macht es nicht einfacher, den Weg nachzuzeichnen. Versuchen Sie es! Sie haben hierfür 3 Minuten Zeit. Decken Sie dabei die gegenüber liegende Seite ab.

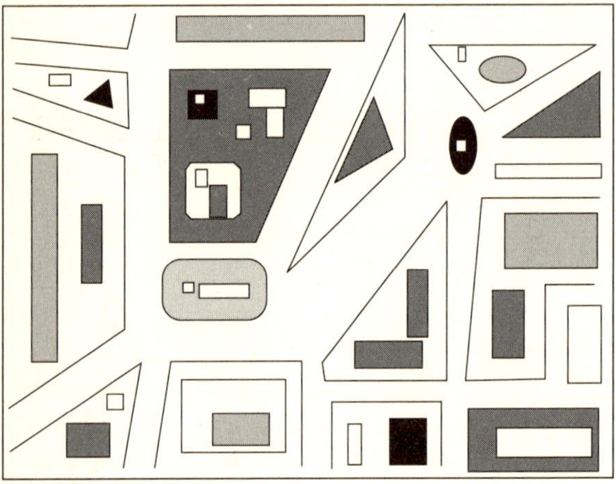

Lösung Weg einprägen (2)

Start Ziel

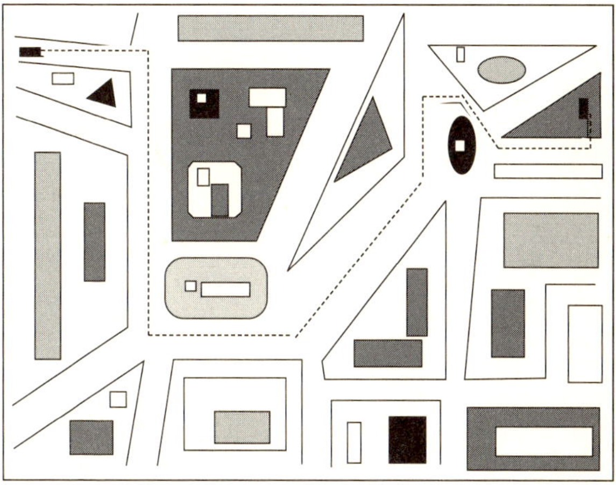

Plan einprägen

Prägen Sie sich den Stadtplan noch einmal ohne Wegstrecke gut ein. Sie haben hierfür 1 Minute Zeit. Decken Sie anschließend diese Seite zu. So haben Sie ihn bisher kennengelernt:

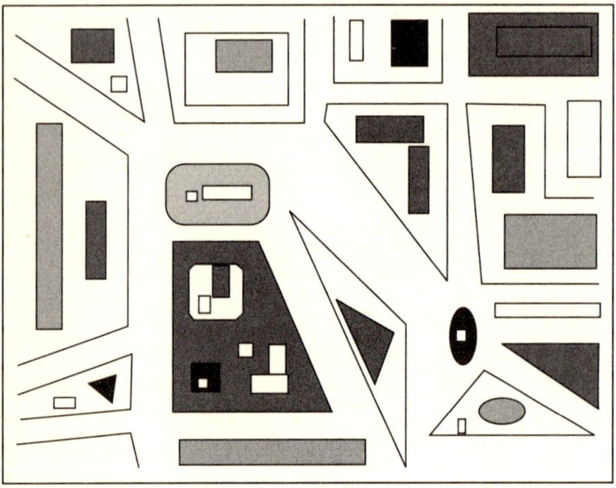

Plan einprägen

Drei Felder sind verändert worden. Tragen Sie die Veränderungen A, B, C so gut Sie können ein.

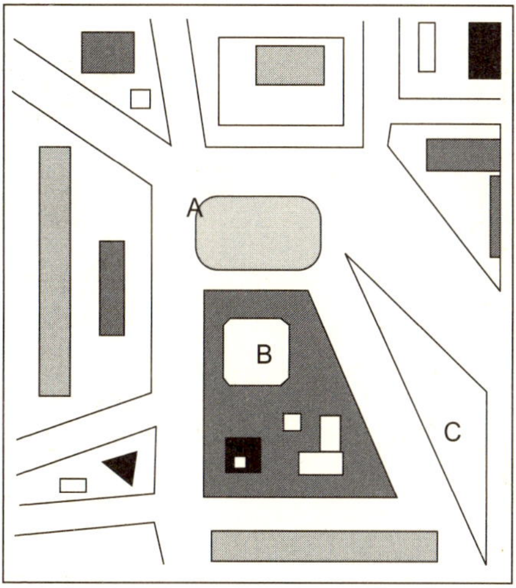

Lösung Plan einprägen

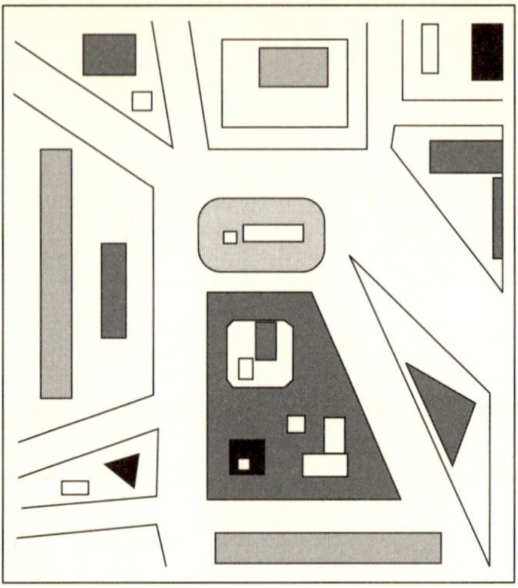

Für die richtigen Antworten erhalten Sie folgende Punktezahlen:
Für den richtigen Weg: 3 Punkte.
Für den richtigen Weg bei verdrehtem Plan: 7 Punkte.
Für jede richtige Eintragung ABC je 4 Punkte.

Insgesamt können hier 22 Punkte erreicht werden.

Personen identifizieren

Erinnern Sie sich noch an die beiden Porträtfotos? Identifizieren Sie nun die beiden Personen. Sie haben hierfür 1 Minute Zeit.

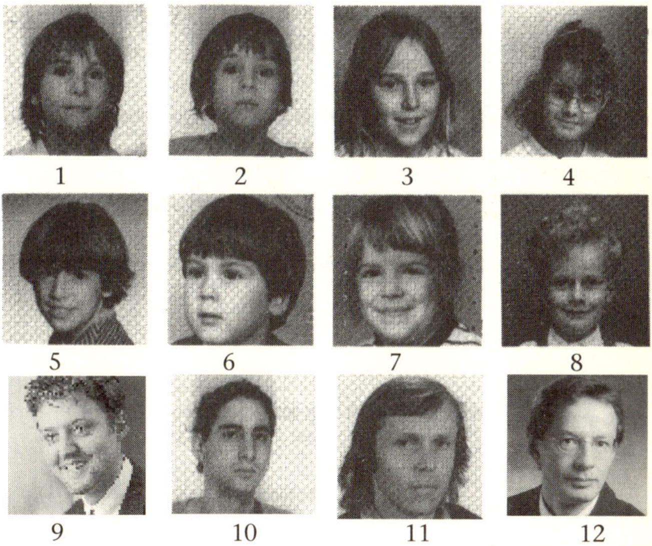

(Lösung siehe S. 132)

Auswertung Merkfähigkeits- und Gedächtnistest-Übungen

Ihr Punkteergebnis in diesem Testteil:

Text-Aufgaben (6 Geschichten)
Hier waren pro Geschichte max. 8 Punkte zu holen, für die 20 Fragen danach max. 60 Punkte. Insgesamt also 108 Punkte.
Ihr Ergebnis: ________

Zahlen-Aufgaben (3)
Hier waren insgesamt 105 Punkte zu holen.
Ihr Ergebnis: ________

Buchstaben-Aufgaben (4)
Hier waren insgesamt 104 Punkte zu holen.
Ihr Ergebnis: ________

Die »Zahlen und Buchstaben hören und schreiben«-Aufgabe zählen wir nicht mit.

Wort-Aufgaben (8)
Hier waren insgesamt 105,5 Punkte zu holen.
Ihr Ergebnis: ________

Bilder-Aufgaben (6)
Hier waren insgesamt 109 Punkte zu holen.
Ihr Ergebnis: ________

Lösung von S. 123: 5 und 10 sind die gesuchten Personen. Für jede richtige Antwort erhalten Sie 5 Punkte. Insgesamt können hier 10 Punkte erreicht werden.

In diesem Test- und Übungsteil hatten Sie die Möglichkeit folgende Merkfähigkeitsaufgabentypen zu trainieren:

Info und Sachverhalte	108	Punkte = 100 %; Ihr Wert ____
Zahlen und Buchstaben	104,5	Punkte = 100 %; Ihr Wert ____
Worte	105,5	Punkte = 100 %; Ihr Wert ____
Bilder	109	Punkte = 100 %; Ihr Wert ____

Wie unterschiedlich sind Ihre Ergebnisse auf diesen Gebieten?

Den Zahlen- und Buchstaben-Aufgabenkomplex kann man zusammenfassen, (beide Einzelergebnisse addieren und durch 2 dividieren) um zu einem gemeinsamen Ergebnis für diesen Block zu gelangen. Aber auch die Einzelergebnisse in diesen Bereichen können sehr unterschiedlich sein und Ihnen Hinweise geben, welche Aufgabentypen Sie noch stärker trainieren sollten.

MERKFÄHIGKEIT UND GEDÄCHTNISLEISTUNG

Ein zweiter Testversuch

Jetzt noch eine kleine Aufgabensammlung von 108 Gedächtnisherausforderungen. Für jede richtige Lösung bekommen Sie einen Punkt (wenn nicht anders angemerkt).

Buchstaben merken

Hier wird Ihre akustische Merkfähigkeit überprüft. Sie bekommen Buchstaben genannt, die Sie sich merken sollen. Sofort danach präsentiert man Ihnen eine Kopfrechenaufgabe. Erst nach Lösen der Aufgabe dürfen Sie einen Stift zur Hand nehmen und die Buchstaben und das Rechenergebnis auf einem Lösungsbogen notieren. Der zeitliche Rahmen zum Lösen der Kopfrechenaufgaben ist vollkommen ausreichend, und der Schwierigkeitsgrad sollte bei einem soliden Grundwissen in Mathematik – alle Aufgaben sind auch wirklich im Kopf lösbar! – keine Probleme bereiten.

Ein Beispiel:
Ihnen wird der Buchstabe »A« angesagt. Nach ca. zwei Sekunden bekommen Sie die Aufgabe »7 x 7«. Nun dürfen Sie einen Stift nehmen und im Lösungsfeld unter der ersten Aufgabe »A« und »49« eintragen.
Ein Tipp: Versuchen Sie die Buchstaben zu »Wörtern« zusammenzufassen. So lassen diese sich, gerade wenn es mehrere werden, leichter merken.
Lassen Sie sich nun die folgenden Aufgaben von einem Helfer vorlesen. Kopieren Sie vorher den abgebildeten Lösungsbogen aus diesem Buch und nutzen ihn, um Ihre Lösungen einzutragen.

Aufgabe

1.	A	3 x 4
2.	G H	56 – 6
3.	J U R	90 – 4
4.	K G U F	5 x 8
5.	U G R P K	12 – 6
6.	U F G W A K	40 – 2
7.	P I B Y W Q U	12 + 12
8.	Z T Z T R E W G	3 + 14
9.	Z G S O P H J F	34 + 12
10.	R D H K U I R G	19 – 7
11.	Z G B K J H N F	3 x 3
12.	H A B E R V A W	16 x 4
13.	I O P E T U F G	50 + 49
14.	U T R F W A S X	44 / 4
15.	R E G F U J I O	1 x 13
16.	T U Z H P O L O	34 – 17
17.	O P L H U S T A	36 / 218
18.	Z U N F R E H G	54 / 9
19.	K L J H U G M N	34 + 2
20.	R U S T F A S T	99 - 88

Lösungsbogen

Aufgabe	1	2	3	4	5	6	7	8	9	10	11	12	13	14	15	16	17	18	19	20
Ergebnis																				
Buchstaben																				

Lösungen

Aufgabe	1	2	3	4	5	6	7	8	9	10	11	12	13	14	15	16	17	18	19	20
Ergebnis	12	50	86	40	6	38	24	17	46	12	9	64	99	11	13	17	18	6	36	11
Buchstaben	A	G	J	K	U	U	P	Z	Z	R	Z	H	I	U	R	T	O	Z	K	R
		H	U	G	G	F	I	T	G	D	G	A	O	T	E	U	P	U	L	U
			R	U	R	G	B	Z	S	H	B	B	P	R	G	Z	U	N	J	S
				F	P	W	Y	T	O	K	K	E	E	F	F	H	H	F	H	T
					K	A	W	R	P	U	J	R	T	W	U	P	U	R	U	F
						K	Q	E	H	I	H	V	U	A	J	O	S	E	G	A
							U	W	J	R	N	A	F	S	I	L	T	H	M	S
								G	F	G	F	W	G	X	O	O	A	G	N	T

Für jede richtige Antwort erhalten Sie 1 Punkt. Insgesamt können hier 20 Punkte erreicht werden.

Türkische Vokabeln

In einem Zeitfenster sollen Sie sich 20 türkische Vokabeln merken. Alternativ könnten es z. B. auch Phantasiewörter sein. Die Abfrage der Vokabeln findet in einem Multiple-Choice-Verfahren statt. Sie haben 2 Minuten Zeit, sich die nachfolgenden Vokabeln zu merken Ihre Aufgabe erhalten Sie auf der nächsten Seite.

Deutsches Wort	Türkische Übersetzung	Deutsches Wort	Türkische Übersetzung
Gehen	Gitmek	Flugzeug	Ucak
Tag	Gün	Essen	Yemek
Lernen	Ögrenmek	Geld	Para
Flugkapitän	Kaptan pilot	Radio	Radyo
Technik	Teknik	Test	Deney
Arbeiten	Calismac	Schlafen	Uyumak
Auto	Otomobil	Fliegen	Ucmak
Flughafen	Havaalani	Nacht	Gece
Deutschland	Almanya	Schule	Okul
Triebwerk	Mekanizma	Flug	Ucus

Aufgabe

Bitte ordnen Sie nun den deutschen Wörtern ihre türkische Übersetzung zu. Sie haben hierfür 3 Minuten Zeit. Decken Sie dabei die gegenüber liegende Seite zu.

Dt. Wort	A	B	C	D
Flug	Ucus	Locus	Carus	Drus
Arbeiten	Calismac	Dschürgun	Ucak	Ögrenmec
Flughafen	Airomobil	Hava flag	Havaalani	Yemek
Gehen	Gün	Gitmek	Para	Ulko
Tag	Yemek	Hugago	Gün	Gece
Schule	Mekanizma	Erfo	Havaalani	Okul
Flugzeug	Ucak	Yemek	Para	Deney
Radio	Ucmak	Teknik	Radyio	Radyo
Flugkapitän	Kaptan Yemek	Kaptan Para	Kaptan Ucac	Kaptan pilot
Lernen	Para	Ögrenmek	Gün	Uyumak
Nacht	Gece	Hamide	Ucmak	Calide
Triebwerk	Eknis	Mekanizma	Hugago	Drus
Fliegen	Jugo	Haljaro	Ucmak	Rawad
Auto	Motomobil	Kotomobil	Rabomobil	Otomobil
Deutschland	Almanya	Alamagne	Almaja	Almayia
Essen	Hajo	Grobi	Yemek	Gece
Geld	Haja	Para	Lara	Gara
Test	Ikom	Radar	Jugio	Deney
Schlafen	Uyumak	Ugugu	Yumogo	Ujugomi
Technik	Tecnic	Tecnak	Tecna	Teknik

Lösungen

Aufgabe	Lösung
1	A
2	A
3	C
4	B
5	C
6	D
7	A
8	D
9	D
10	B
11	A
12	B
13	C
14	D
15	A
16	C
17	B
18	D
19	A
20	D

Für jede richtige Antwort erhalten Sie 1 Punkt. Insgesamt können hier 20 Punkte erreicht werden.

Wege merken

Haben Sie einen guten Orientierungssinn? In diesem Test sollen Sie ihn beweisen. Ihnen wird ein Stadtplan oder auch eine einfache Skizze vorgegeben, in die ein bestimmter Weg von einer Wohnung zu einem Arbeitsplatz eingezeichnet ist. Diesen Weg sollen Sie sich innerhalb von 30 Sekunden merken. Danach folgt in der Realität ein anderer Test, und nachdem ca. 5 bis 10 Minuten vergangen sind, sollen Sie den Weg in einen leeren Plan einzeichnen.

Prägen Sie sich den in diesem Plan eingezeichneten Weg gut ein und lösen Sie den folgenden Test. Zum Einprägen haben Sie nur 30 Sekunden Zeit! Decken Sie anschließend diese Seite zu.

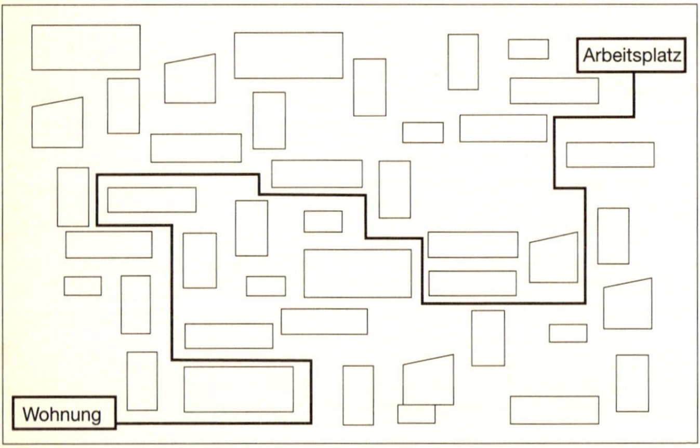

Aufgabe

Bitte zeichnen Sie nun den Wegplan ein, den Sie sich gemerkt haben. Sie haben hierfür 30 Sekunden Zeit!

Blättern Sie zurück und überprüfen Sie selbst die richtige Lösung. Für die richtige Antwort erhalten Sie 10 Punkte.

Einzelheiten merken

Noch einmal geht es um Ihre Merkfähigkeit. Lesen Sie sich bitte den folgenden Text in Ruhe durch. Merken Sie sich bitte möglichst viele Einzelheiten. Später werden Sie nach dem Textinhalt gefragt und sollten auch Details beantworten können. Zum Durchlesen des Textes haben Sie 1 Minute Zeit.

Mario Biewald, Direktor einer Gummibärchenfabrik, ging am 30. 06. 2000, nach fast 50 Jahren Betriebszugehörigkeit in Rente. Aus diesem Anlass bekam er Glückwünsche von einer befreundeten Schokoladenwarenfabrik, einem Schuhladen, einer Bierbrauerei, einer Spedition und seinem Autohaus Stellmann.

Seine Abschiedsfeier fand im Parkhotel Bremen statt und ging bis in die frühen Morgenstunden. Diese Feier wurde von seinem Prokuristen und seinen beiden Sekretärinnen (Frau Helga Leimer und Frau Iffi Tenker) organisiert. Selbst der Bürobote Herr Carsten Dressler hatte mitgeholfen.

Aus der Familie des Direktors waren seine Ehefrau, seine Tochter, sein Schwager und eine Enkeltochter bis 2 Uhr nachts anwesend. Am 01. 07. 2000 flog Herr Biewald mit seiner engsten Familie für 3 Wochen in den Sommerurlaub auf die Malediven. Dort erholte er sich hervorragend.

Bitte beantworten Sie nun die Fragen auf der nächsten Seite.

Aufgabe

Erinnern Sie sich nun bitte an möglichst viele Einzelheiten aus dem vorigen Textfeld. Schreiben Sie die Ihrer Meinung nach richtige Antwort rechts neben die Frage in das zugehörige Feld. Decken Sie dabei die gegenüber liegende Seite zu.

1. Wie hieß der Direktor der Fabrik mit Vornamen? ____________________
2. Was produzierte die Fabrik? ____________________
3. Welche Firmen gratulierten dem Direktor? ____________________ ____________________ ____________________ ____________________ ____________________
4. Welchen Beruf hat Carsten Dressler? ____________________
5. Wie lange war der Direktor in der Firma tätig? ____________________
6. Wo fand die Abschiedsfeier statt? ____________________
7. Wie hießen die beiden Sekretärinnen? ____________________ ____________________
8. Wie viele Familienmitglieder waren bei der Feier anwesend? ____________________
9. Welche Familienmitglieder waren anwesend? ____________________ ____________________ ____________________ ____________________ ____________________

10. Wie lange war die Familie bei der Feier anwesend? ______________________

11. Wohin flog der Direktor in den Urlaub? ______________________

12. Für wie lange flog der Direktor in den Urlaub? ______________________

Lösung Einzelheiten merken

1. Mario
2. Gummibärchen
3. Schokoladenwarenfabrik
   Schuhladen
   Bierbrauerei
   Spedition
   Autohaus Stellmann
4. Bürobote
5. 50 Jahre
6. Parkhotel Bremen
7. Helga Leimer
   Iffi Tenker
8. fünf Familienmitglieder
9. Ehefrau
   Tochter
   Schwager
   Enkeltochter
10. bis 2 Uhr nachts
11. auf die Malediven
12. für 3 Wochen

Für jede richtige Antwort erhalten Sie 1 Punkt. Insgesamt können hier 20 Punkte erreicht werden.

Wörter merken

Bei diesem Test wird Ihr Kurzzeitgedächtnis gefordert. Sie haben jetzt 1 Minute Zeit, sich die folgenden Wörter einzuprägen. Decken Sie anschließend diese Seite zu.

Wort

Zeit

Goldfisch

Haus

Armageddon

Kübel

Radar

Space-Shuttle

Schlüsselbein

Rotwein

Straßenbahn

Scanner

Hut

Film

Chemie

Turbodiesel

Treppe

Schublade

Uhr

Tonne

Aufgabe

Schreiben Sie jetzt alle 20 Wörter auf, die Sie sich eben gemerkt haben. Sie haben hierfür 2 Minuten Zeit.

1. ______________________________
2. ______________________________
3. ______________________________
4. ______________________________
5. ______________________________
6. ______________________________
7. ______________________________
8. ______________________________
9. ______________________________
10. ______________________________
11. ______________________________
12. ______________________________
13. ______________________________
14. ______________________________
15. ______________________________
16. ______________________________
17. ______________________________
18. ______________________________
19. ______________________________
20. ______________________________

Blättern Sie zurück und überprüfen Sie selbst die richtige Lösung. Für jede richtige Antwort erhalten Sie 0,5 Punkte. Insgesamt können hier 10 Punkte erreicht werden.

Zahlen merken

Wieder ist Ihr Kurzzeitgedächtnis gefragt. Bitte prägen Sie sich nun die folgenden, zweistelligen Zahlen ein. Sie haben hierfür 1 Minute Zeit!

44	34	21	85	73	79	75	41
53	84	32	12	14	19	98	67

Aufgabe

Bitte tragen Sie nun die gemerkten Zahlen in beliebiger Reihenfolge in die Lösungsfelder ein. Sie haben hierfür 1 Minute Zeit. Decken Sie dabei die gegenüber liegende Seite ab.

1. ____________________
2. ____________________
3. ____________________
4. ____________________
5. ____________________
6. ____________________
7. ____________________
8. ____________________
9. ____________________
10. ____________________
11. ____________________
12. ____________________
13. ____________________
14. ____________________
15. ____________________
16. ____________________

Lösungen

Zahlen in aufsteigender Reihenfolge:

12	14	19	21	32	34	41	44
53	67	73	75	79	84	85	98

Für jede richtige Antwort erhalten Sie 1 Punkt. Insgesamt können hier 16 Punkte erreicht werden.

Zahlenpaare merken

Sollten Sie sich nach den ganzen Testaufgaben noch immer konzentrieren können, so erwartet Sie jetzt eine weitere Herausforderung. Bitte merken Sie sich die folgenden zwölf Zahlenpaare. Nach 2 Minuten Merkzeit werden wir Sie bitten, anhand der linken Zahl die richtige rechte Zahl aus einem Zahlenfeld von fünf Zahlen wiederzuerkennen. Diese Zahl markieren Sie dann mit einem geraden, waagerechten Strich.

Ein Beispiel:

zu merkende Zahlenpaare:		12 – 345
		43 – 840

Rekapitulierung:	12 – 532	865	612	097	345
	43 – 840	765	836	234	965

Merken Sie sich die jetzt folgenden Zahlenpaare. Sie haben hierfür 2 Minuten Zeit! Decken Sie anschließend diese Seite zu.

45 – 743
83 – 012
11 – 085
77 – 358
13 – 999
84 – 629
28 – 329
46 – 783
96 – 474
82 – 001
16 – 248
66 – 911

Aufgabe

Streichen Sie nun bitte rechts die richtige Zahl durch, die zur linken Zahl gehört. Decken Sie dabei die gegenüber liegende Seite zu.

84 – 745	628	112	452	629
83 – 012	678	565	637	986
96 – 845	474	666	132	087
16 – 976	667	248	452	811
11 – 111	723	810	894	085
45 – 743	734	853	642	841
82 – 001	765	932	010	764
66 – 911	752	134	532	671
13 – 643	965	245	999	535
77 – 947	532	358	865	614
46 – 252	521	783	445	245
28 – 564	643	329	642	532

Lösungen

84 – 745	628	112	452	~~629~~
83 – ~~012~~	678	565	637	986
96 – 845	~~474~~	666	132	087
16 – 976	667	~~248~~	452	811
11 – 111	723	810	894	~~085~~
45 – ~~743~~	734	853	642	841
82 – ~~001~~	765	932	010	764
66 – ~~911~~	752	134	532	671
13 – 643	965	245	~~999~~	535
77 – 947	532	~~358~~	865	614
46 – 252	521	~~783~~	445	245
28 – 564	643	~~329~~	642	532

Für jede richtige Antwort erhalten Sie 1 Punkt. Insgesamt können hier 12 Punkte erreicht werden.

Auswertung

Insgesamt sind bei dieser Aufgabensammlung 108 Punkte zu erzielen.

Weniger als 20 Punkte: Versuchen Sie, sich besser zu konzentrieren, um Ihre Merkfähigkeit zu erhöhen.
Bis 49 Punkte: Hier hilft sicherlich noch etwas mehr Übung.
Ab etwa 50 Punkten liegen Sie sehr gut im Durchschnitt.
Ab etwa 60 Punkten zeigen Sie eine erstaunlich gute Leistung.
Ab 75 Punkten: Sie haben eine wirklich sehr gut entwickelte Merkfähigkeit.

WAS SIE NOCH WISSEN SOLLTEN ...

Das Autorenteam Hesse/Schrader ist seit über 15 Jahren auf dem Sektor der Bewerbungsratgeber sowie zu weiteren Themen aus der Arbeitswelt publizistisch tätig und hat im Laufe dieser Zeit mehr als 70 Bücher veröffentlicht. Viele davon liegen auch als Taschenbuchausgabe vor. Am Anfang stand die erstmalige Veröffentlichung aller gängigen sogenannten Intelligenztests und deren kritische Reflexion in dem Buch Testtraining für Ausbildungsplatzsucher (1985). Ebenfalls Neuland zum Bereich »Überleben in der Arbeitswelt« erschloß ihr Buch »Die Neurosen der Chefs – die seelischen Kosten der Karriere«. Von besonderem Interesse für den Leser dieses Buches ist die Reihe »Die perfekte Bewerbungsmappe«, Bücher im DIN-A-4-Format, die Bewerbungsunterlagen erfolgreicher Kandidaten originalgetreu präsentieren. Auch die Bücher »Die überzeugende Initiativbewerbung«, »Das erfolgreiche Stellengesuch« sowie »Bewerbung und Stellensuche im Internet« behandeln Themen, die Bewerbungsvorhaben innovativ unterstützen.

Beide Autoren verfügen über eine langjährige Erfahrung als Seminarleiter bei Bewerbungstrainings. Ein besonderes Interesse gilt der gewerkschaftlichen Bildungsarbeit in Form von Anti-Mobbing- und Konfliktmanagement-Seminaren. 1992 gründeten sie in Berlin das Büro für Berufsstrategie (Tel.: 030-8519206), das ausschließlich Arbeitnehmer in allen erdenklichen beruflichen Fragen berät und unterstützt.

Die wahre Kunst des Erinnerns
ist die Kunst der aufmerksamen Beobachtung!
(Samuel Johnson)

WO SITZT DAS GEDÄCHTNIS UND WIE FUNKTIONIERT ES?

Das sind Fragen, die die wissenschaftliche Forschung immer brennend interessierten.
Dabei wurden im Laufe der Jahre teilweise merkwürdige Vermutungen und Modelle vorgestellt. In den 50er und 60er Jahren versuchte die Wissenschaft so genannte ‚Gedächtnismoleküle' nachzuweisen. Man glaubte damals, dass sich Erinnerungen in Form von verschiedenen Eiweißstoffen im Gehirn festsetzen.
Nachdem sich diese Annahme als Irrtum herausstellte, setzte sich eine Theorie durch, die davon ausging, dass sich einzelne Erinnerungen in jeweils einer Nervenzelle ablagern. Demnach sollte die Erinnerung – z. B. an die eigene Großmutter – in einer einzigen Zelle gespeichert sein. Die Erkenntnis, dass im Gehirn laufend Nervenzellen absterben, widerlegte dieses Modell schnell. Denn dann würden ja mit den ausgelöschten Nervenzellen auch die entsprechenden Gedächtnisinhalte wegfallen. Im Fall der Großmutter wäre die Erinnerung an sie schlagartig mit dem Absterben der entsprechenden Zellen erloschen, was aber nicht der Realität entspricht.
Unser Denkorgan arbeitet weitaus ökonomischer als es diese Theorien vermuten ließen – es merkt sich nur Dinge, die es für wichtig und notwendig hält.
Wie Forschungsergebnisse belegen, ist unser Gedächtnis kein einheitliches Ganzes, sondern ein System aus drei Bereichen.

Diese Bereiche sind das sensorische Gedächtnis, das Kurzzeitgedächtnis und das Langzeitgedächtnis. Jedes besitzt eine genau definierte Funktion und ist hinsichtlich seiner Aktivitäten zeitlich eingrenzbar. In den meisten Alltagssituationen arbeiten diese drei Gedächtnisbereiche ständig zusammen, ohne dass es uns bewusst wird.

Entgegen der verbreiteten Ansicht, das Kurzzeitgedächtnis speichere die Erinnerungen der letzten Stunden oder des letzten Tages, verstehen Wissenschaftler unter Kurzzeitgedächtnis den Prozess im Gehirn, der Eindrücke gerade solange festhält, wie wir einen Sinn darin erkennen können – z. B. eine Telefonnummer oder einen Satz. Die Dauer des Kurzzeitgedächtnisses beträgt also höchstens 30 Sekunden. Alle Erinnerungen, die länger behalten werden, sind im Langzeitgedächtnis gespeichert – unabhängig davon, ob sie ein paar Minuten oder 50 Jahre zurückliegen.

Das Kurzzeitgedächtnis sortiert die Daten, die das Gehirn von der Außenwelt empfängt. Wie ein Sieb filtert es aus, was gespeichert wird und was vergessen werden darf. Wollen wir uns Daten merken, die vom Kurzzeitgedächtnis aufgenommen wurden, müssen sie im Langzeitgedächtnis gespeichert werden. Es gibt allerdings die Möglichkeit, die Speicherdauer des Kurzzeitgedächtnisses auszudehnen, indem man die Information, die man behalten will, vor sich hinsagt, bis man sie behalten hat. Eine recht uneffektive und vor allem nicht überall praktikable Methode.

Was tun? Mittels bestimmter Trainingsmethoden können Sie Ihr Gedächtnis fit machen. Denn diese Methoden vermitteln Ihnen die Fähigkeit, beispielsweise mit Hilfe von Assoziationen, Informationen ins Langzeitgedächtnis zu überführen.

Das Langzeitgedächtnis speichert alle Informationen, die Sie behalten wollen. Die im Langzeitgedächtnis aufgenommenen Erinnerungen werden in unterschiedlichen Bereichen des

Gehirns festgehalten. So verwaltet ein Bereich die ganz persönlichen Erinnerungen und Erfahrungen – etwa, wie das Mittagessen geschmeckt hat oder wie der letzte Urlaub war.
Ein weiterer Bereich befasst sich mit Allgemeinwissen – wann war der Spartakusaufstand oder wie hoch ist die Zugspitze. Ebenfalls vom Langzeitgedächtnis verwaltet werden erlernte motorische Fertigkeiten wie Fahrradfahren, Schlagzeugspielen oder der Umgang mit einem PC.
Die dritte und flüchtigste Form des Erinnerns ist das sensorische Gedächtnis. Jede Information, die über die Sinne von der Außenwelt zum Gehirn gelangt, wird hier festgehalten. Eindrücke, die wir sehen, hören, riechen, schmecken und tasten, werden hier registriert und sortiert. Nur ein geringer Teil kommt dann ins Kurz- oder Langzeitgedächtnis. Wenn wir uns das Kurz- und Langzeitgedächtnis als eine Wohnung mit mehreren Räumen vorstellen, in denen unsere Gedanken vorübergehend oder längerfristig aufbewahrt werden, dann ist das sensorische Gedächtnis der Korridor, der zu diesen Räumen führt. Dieser Korridor ist angefüllt mit Bildern, Geräuschen und Gerüchen, die wir in jedem Moment des Tages aufnehmen. Würden all diese Eindrücke in die Räume hineingelassen, würde unser Gedächtnis und unser Denken kollabieren. Insofern werden nur Informationen zugelassen, die unser Gehirn für wichtig erachtet. Der Rest verweilt für einige Sekunden im sensorischen Gedächtnis – also im Korridor – und verschwindet dann unwiderruflich, ohne vom Bewusstsein überhaupt wahrgenommen worden zu sein.
Erst in den letzten Jahren konnte die Gehirnforschung die Nervenzellen des Gehirns, die für unser Gedächtnis verantwortlich sind relativ sicher lokalisieren. Das Gedächtnis sitzt im Cortex – der Großhirnrinde, die Milliarden von Neuronen enthält – verteilt. Ein Neuron besteht aus einer Nervenzelle und Fasern, durch die es mit zigtausenden anderen Neuronen

verbunden ist. Das Gehirn ist also im Prinzip ein riesiges Leitungsnetz und wie in einem Stromkabel fließt auch entlang der Nervenbahnen Strom. Wird eine Nervenbahn durch einen ankommenden Reiz stimuliert, aktiviert sie die nach ihr liegenden Zellen ebenfalls.

Doch zurück zu unserem Gedächtnis. Was passiert im Kopf, wenn wir uns z. B. an unsere letzte Geburtstagsparty erinnern? Nach derzeitigem Stand der Forschung kann man sagen: spezielle Bilder und Ereignisse entsprechen im Gehirn bestimmten Kombinationen von Nervenzellen, die gemeinsam agieren. Durch die gemeinsame elektrische Aktivität entsteht im Gehirn ein Muster, das die wahrgenommenen Bilder und Erlebnisse repräsentiert.

Erinnerungen werden also durch Netzwerke vieler Neuronen festgehalten. Dabei arbeitet das Gedächtnis arbeitsteilig. Die Information über Farbe, Form und Funktion z. B. eines Haustürschlüssels wird an jeweils verschiedenen Orten im Gehirn gespeichert. Erinnerungen sind somit das Resultat eines Zusammenspiels unterschiedlicher Bereiche des Gehirns.

Woher weiß das Gehirn aber, dass die verschiedenen Informationen zu ein und demselben Objekt gehören? Die Forschung vermutet, dass hierfür der Takt entscheidend ist, in dem die Nervenzellen agieren. So »feuern« z. B. alle Nervenzellen, die mit der Erinnerung an den Schlüssel beschäftigt sind, fünfzigmal in der Sekunde, während die Zellen, die für das Schloss zuständig sind, nur zwanzigmal »feuern«. Dadurch können die im neuronalen Netzwerk weit auseinanderliegende Informationen leicht zu einem Gesamtbild zusammengefasst werden. Untersuchungen in jüngerer Zeit haben gezeigt, dass z. B. die Gehirnregion, in denen das Ortsgedächtnis untergebracht ist, bei Taxifahrern deutlich vergrößert ist im Vergleich zur Normalbevölkerung. Die Fahrer benötigen das Ortsgedächtnis für ihre tägliche Navigation und müssen sich eine Vielzahl von Wegen und

Fahrtstrecken einprägen. Je mehr Zeit sie im Auto verbrachten, desto ausgeprägter war das Gedächtnis.
Wenn blinde Menschen die Tastschrift ‚Braille' lesen, sind bei ihnen dabei dieselben Gehirnregionen aktiv, wie bei Sehenden. Offenbar vermag das entsprechende Areal im Gehirn, sich von einem Sinn (Sehen) auf einen anderen Sinn (Tasten) umzustellen.
Ferner konnte die Gehirnforschung nachweisen, dass unser Gehirn sehr wandlungsfähig ist. Täglich entstehen dort neue Neuronen, und es bleibt leistungsfähig bis ins Alter. Zwar wird die Bedeutung der ersten Lebensjahre für die Entwicklung des Gehirns nicht bestritten, dennoch gilt als überholt, wonach die entscheidenden Lernprozesse in früher Kindheit ablaufen, die Nervenzellen danach fest verdrahtet sind und wir Neues nur mehr begrenzt lernen können.
Im Gegenteil, bis ins hohe Alter können wir mit einem Übungsprogramm – also einer Art ‚Brain-Gym' – unser Gedächtnis trainieren. Jeder neue Reiz leitet den Bau neuer Verbindungswege zwischen Neuronen ein. Je mehr Sinne beansprucht werden, desto mehr Hirnregionen werden trainiert. Ein Baby, das eine Rassel entdeckt, untersucht diese von allen Seiten und Richtungen, schaut sich die Farben an, ertastet und erfühlt die Form, leckt daran und rasselt damit. Nehmen Sie sich ein Beispiel und schauen Sie sich den Strauß Blumen in der Vase nicht nur an, betasten Sie ihn, riechen Sie daran und freuen Sie sich über ihn. Wenn Sie Ihre Umwelt neugierig und mit allen Sinnen wahrnehmen, werden Ihre kognitiven Funktionen in allen Bereichen geschult.
Anstatt die Möglichkeiten und Kapazitäten ihres Gehirns zu nutzen, verweilen Erwachsene oftmals in Routine und Erfahrung. Anders als Kinder sind sie häufig nicht bereit, die natürliche Neugier zu befriedigen.

Wie reagieren Sie, wenn Sie einem bisher unbekannten Menschen vorgestellt werden? Nehmen Sie sein Gesicht und seinen Namen nur flüchtig wahr, dann werden Sie diese Person bald vergessen haben. Achten Sie hingegen auf den Ton der Stimme, darauf ob der Händedruck fest oder schlaff ist oder ob die Augen lebendig oder desinteressiert blicken – dann werden Sie mit Sicherheit diesen Menschen noch Monate später wiedererkennen.

Wenn wir eine Vielzahl verschiedener Sinneseindrücke mit einer Situation verbinden, prägt sich das Erlebte tief in unser Gedächtnis ein. Multisensorische Assoziationen sind also das beste Bollwerk gegen den Abbau der Geisteskräfte.

Auch die alte römische Weisheit – ein gesunder Geist in einem gesunden Körper – wurde von der neueren Forschung bestätigt. Ein gesunder und aktiver Körper beeinflusst unser Gehirn und Gedächtnis positiv. Der Körper produziert anscheinend vermehrt wichtige Nährstoffe für das Gehirn (darunter auch Neurotrophine), wenn Durchblutung und Stoffwechsel stimmen. Diese Nährstoffe sind für verbesserte Zellenkommunikation und vermehrtes Zellenwachstum im Gehirn zuständig.

»Glücklich ist, wer vergisst, was nicht zu ändern ist.«

So ganz unrecht hat dieses alte Trinklied nicht. Denn ohne die Gnade des Vergessens, wäre unser Gedächtnis in kürzester Zeit mit vielen überflüssigen Erfahrungen und Eindrücken angefüllt, so dass wir kaum in der Lage wären unseren Alltag vernünftig zu gestalten oder gar umfangreichere Kenntnisse – z. B. für eine Prüfung – sinnvoll zu speichern und zu nutzen.

Der deutsche Psychologe Hermann Ebbinghaus hat schon Ende des 19. Jahrhunderts herausgefunden, dass ein Großteil der Informationen, die wir nicht mehr aus dem Gedächtnis abrufen können, in den ersten Tagen nach der Informationsaufnahme verloren geht. Danach wird der Prozess des Vergessens deutlich langsamer, schreitet aber weiter fort. Graphisch umgesetzt, nennt man diese Entwicklung des Vergessens die ‚Ebbinghaus-Kurve'.

Diesen ‚Ebbinghaus-Effekt' können wir nicht verhindern, jedoch lindern. Durch systematisches Wiederholen können wir den Lernstoff, der uns wichtig ist, nachhaltiger im Gedächtnis verankern. Wiederholtes Lernen über einen langen Zeitraum hinweg, scheint die beste Gewähr gegen Vergessen zu sein und vertieft das Gelernte häufig so, dass es noch über Jahre und Jahrzehnte abrufbar bleibt. Der Prozess des Lernens und Vergessens ist individuell verschieden. Schnell-Lerner haben nicht unbedingt ein besseres Langzeitgedächtnis, als langsamer Lernende. Manche Menschen lernen schnell und vergessen rasch, während andere schnell lernen, aber langsam vergessen. Die Interferenztheorie sieht die wesentliche Ursache für Vergessen in der Überlagerung von bereits gespeicherten Daten durch neu aufgenommene Informationen.

Diese Theorie spricht von retroaktiver Hemmung, wenn wir gespeichertes Wissen deshalb vergessen, weil sich neue und ähnliche Informationen darüber lagern.

Bereits vorhandenes Wissen kann aber auch das Einprägen neuer Information stark beeinträchtigen – die Wissenschaft spricht dann von einer proaktiven Hemmung. So kann es Ihnen beim Lernen einer neuen Fremdsprache passieren, dass Ihnen die neu gelernten italienischen Vokabeln nicht einfallen, Sie sich aber an die englische Bedeutung der Worte sofort erinnern, da Sie diese Sprache schon gut beherrschen.

In diesem Zusammenhang soll kurz auf einige der häufigsten Ursachen für starke Alltagsvergesslichkeit hingewiesen werden. Vor allem Streß ist einer der größten Risikofaktoren für Vergesslichkeit. Wer ständig zu viele Eindrücke aufnehmen und speichern muss, vergisst das Meiste letztendlich. Bei einer Überlastung des Kurzzeitgedächtnisses können keine strukturierten Erinnerungen im Langzeitgedächtnis aufgebaut werden. Es wird angenommen, dass eine zu hohe Konzentration des Stresshormons Cortisol sogar die Nervenzellen im Gehirn schädigt. Häufig sind depressive Menschen und langjährige Marathonläufer sehr vergesslich, was mit einer Überproduktion von Cortisol zusammenhängen könnte. Ebenso können einseitige Ernährung und Alkohol- oder Drogenmissbrauch Gedächtnisschwund fördern.

Mit zunehmendem Alter wächst die Wahrscheinlichkeit, dass krankhafte Störungen des Gedächtnisses und des Denkens vermehrt auftreten – man spricht hier von Altersdemenz. Die Alzheimer-Krankheit ist eine der häufigsten Demenzerkrankungen. Weltweit leiden ungefähr zwanzig Millionen Menschen an dieser Krankheit, allein in Deutschland sind es ca. 800 000. Ebenfalls weit verbreitet ist die Parkinson- oder Huntington-Krankheit, die zu starken Störungen der Hirnleistung führt.

Abschließend betrachtet, geben die o.a. neueren Erkenntnisse der Gehirnforschung Hoffnung, gegen ein schlechtes Gedächtnis aktiv vorgehen zu können. Da das Gehirn nicht nur unser Verhalten beeinflusst, sondern offensichtlich unser Verhalten auch unser Gehirn, können wir – weit mehr, als wir bisher dachten – selbst bestimmen, wer wir sind.

Methoden das Gedächtnis zu trainieren

Sicherlich sind außergewöhnliche Gedächtniskünste auch in den Genen festgelegt, aber ebenso häufig sind solche Fähigkeiten auch das Ergebnis von bewusster Konzentration oder eines gezielten Trainings. Die konsequente Anwendung einiger einfachen Grundregeln und Techniken kann die Merkfähigkeit deutlich steigern.

Eine sehr erfolgreiche Methode, die allgemeine Denk- und Merkfähigkeit unseres Gehirns zu verbessern, liegt darin, alltägliche Routinen und Gewohnheiten systematisch zu durchbrechen.
Starten Sie morgens ungewohnt, indem Sie mit der ‚verkehrten Hand' die Zähne putzen, die Haare bürsten, sich rasieren oder die Kaffeetasse halten. Es bedarf schon einiger Konzentration und Übung als Rechtshänder (natürlich auch umgekehrt) mit der linken Hand die Zähne zu putzen. Duschen Sie mit verbundenen Augen, dann müssen Sie sich Seife, Shampoo und Waschlappen ertasten. Mit Sicherheit nehmen Sie den Raum der Duschkabine blind anders als gewohnt wahr. Sie riechen den Duft von Seife oder Shampoo deutlicher und Ihre Haut spürt das Wasser ebenfalls intensiver als sonst.
Durch diese Übungen werden unterschiedliche Stellen im Gehirn aktiviert. Die Verbindungen, die normalerweise das Zähneputzen regeln, bleiben ruhig, während die entsprechenden Gebiete in der anderen Gehirnhälfte plötzlich aktiv werden müssen.
Auch der Weg zur Schule oder zum Arbeitsplatz muss nicht langweilige Routine bleiben. Suchen Sie sich immer neue Wege, auch wenn es manchmal Umwege sind. Unbekannte Strecken regen das Gedächtnis an, die neuen Eindrücke, Geräusche und Gerüche zu speichern.
Durch die Veränderungen fast schon automatischer Alltagshandlungen, wird das Gehirn angeregt, seine visuelle Wahrnehmung und das räumliche Denken neu zu organisieren.
Lassen Sie sich für alle Lebenssituationen immer wieder neue Überraschungen einfallen. Der Schwierigkeitsgrad der gestellten Aufgaben ist dabei nicht so wichtig. Das Gehirn bleibt wach, solange es Hürden überwinden muss.

Im Laufe eines Tages werden wir immer wieder damit konfrontiert, dass wir uns viele einzelne Details merken müssen. Oft sind sie uns aber schon nach wenigen Minuten wieder entfallen. Spezielle Mnemotechniken oder Gedächtnisstützen helfen uns, die Vielzahl von zusammenhanglosen Informationen und Kenntnissen, die wir glauben behalten zu sollen, auch wirklich festzuhalten. Manche dieser Techniken kennen Sie wahrscheinlich und wenden sie auch an. Mit Sätzen wie »Wer nämlich mit h schreibt ist dämlich« lernen wir schon in der Schule, dass einfache Reime das Einprägen von Sachverhalten erleichtern.

Alle bekannten Mnemotechniken – Reime, Bilder, Akronyme, Kodes, Merkgeschichten etc. – basieren auf drei grundlegenden Elementen: Wiederholung, Assoziation und bildhafter Vorstellung (Visualisierung). Wie oben schon aufgeführt, ist die systematische Wiederholung, eine einfache und erfolgreiche Methode, Wissen langfristig im Langzeitgedächtnis zu speichern. Aber Wiederholen allein reicht kaum aus und ist außerdem langweilig. Sich neuen Wissensstoff mittels Gedächtnistechniken einzuprägen und durch regelmäßige Wiederholung zu unterstützen, ist eine hervorragende Möglichkeit, Wissen im Gedächtnis zu verankern. So können wir mit Hilfe der Assoziationsmethode vor unserem inneren Auge, Bilder oder Zusammenhänge erzeugen, die bestimmten Sachverhalten oder Lerninhalten zugeordnet sind. Ähnlich klingende Wörter lassen sich mit dieser Methode gut merken. Wo genau sind die Stalagmiten und die Stalaktiten in einer Tropfsteinhöhle? Welches Gebilde wächst von der Decke nach unten und welches vom Grund nach oben? Einfacher zu behalten wird die Frage, wenn man sich folgende Assoziation merkt: Stalagmiten stehen auf dem Grund, Stalaktiten hängen von der Decke.

Die Aneignung abstrakter Zusammenhänge ist für viele Menschen schwierig. Die assoziative Verbindung von Bildern mit abstrakten Lerninhalten kann allerdings sehr hilfreich sein.

Zustände und Haltungen wie Angst, Ehrgeiz oder Gelassenheit lassen sich beispielsweise mit Körperausdruck oder Mimik in einen bildhaften Zusammenhang bringen.

Achten Sie auf Ihre Reaktionen, wenn Sie mit abstrakten Begriffen konfrontiert werden. Manchmal kommt Ihnen von selbst ein Bild, dass sie dann als Gedächtnisstütze für diesen Begriff oder Zusammenhang nutzen können. Angenommen Sie lesen einen Artikel über das Selbstwertgefühl, in dem einige Faktoren wie Selbstwahrnehmung, Gewissen, Erfolg etc. aufgeführt sind, die das Selbstwertgefühl beeinflussen. Diese Faktoren sind nur einzeln aufgezählt und Sie wollen sie sich merken. Dann überlegen Sie sich zu jedem dieser Stichworte ein Fallbeispiel aus Ihrem eigenen Leben. Fällt Ihnen etwas ein, wo Sie persönlich in Gewissenskonflikte kamen oder sich Ihre eigene Wahrnehmung von Ihrer Wirkung total von der eines anderen Menschen unterschied? Nehmen Sie diese Bilder und assoziieren Sie sie mit diesen Begriffen. Da unser Gedächtnis Bilder schnell und einfach erinnert, wird es Ihnen leichter möglich sein, sich diese Begriffe ins Gedächtnis zu rufen. Auch naturwissenschaftliche Formeln und soziologische Fachbegriffe, lassen sich, mit entsprechenden Bildern und Geschichten verknüpft, effektiv merken.

Namen können Sie sich ebenfalls mit Hilfe von Bildern besser merken. Herr Müller, der als Müllermeister, einen Mehlsack schleppt. Frau Kochendorfer steht auf dem Marktplatz und kocht für das ganze Dorf und Herr Bardt läßt sich mit einem langen Bart im Gesicht gut merken. Von John F. Kennedy wird erzählt, dass sein phänomenales Namensgedächtnis auf einem simplen Trick beruhte: Er soll sich von allen Personen, deren Namen er behalten wollte, das Gesicht und den Namen wie auf einem Polizeifoto vorgestellt und so abgespeichert haben.

Je mehr Tricks Sie beherrschen, das Gedächtnis zu schulen, desto leichter werden Sie neue Informationen aufnehmen und langfristig speichern können. Wenn Sie Ihre eigenen Mnemosysteme entwickeln, hilft Ihnen der persönliche Bezug, damit effektiv und erfolgreich zu arbeiten. Scheuen Sie sich nicht, Ihre Merkhilfen witzig oder albern zu gestalten und sie mit Menschen, Situationen oder Dingen zu verbinden, die Sie zum Lachen bringen. Es sind Ihre persönlichen Gedächtnisstützen und sie helfen nur Ihnen, sich zu erinnern.